인생 레시피
나를 끓이다

인생 레시피 나를 끓이다 | Life Recipe: Boil until Success
초판발행 | 2026년 07월 07일
저자 | 박진국
발행인 | 주식회사 생수의 강
편집인 | 우현
발행처 | 리얼숲(REAL SOUP)

등록번호 | 제2017-000119호
부산시 중구 흑교로17번길 15, 2층
전화 | 02-536-2046
팩스 | 02-333-8326 (주문)
메일 | realsoup1@naver.com

© 리얼숲
정가 : 17,000원
ISBN : 979-11-977793-6-7 03320

인생 레시피 나를 끓이다

Life Recipe: Boil until Success

박 진 국

프롤로그

"지금, 당신은 어떤 맛의 인생을 끓이고 있나요?"

전례 없는 시대를 살고 있습니다.
경제 불안, 급변하는 국제 정세, 빛처럼 진화하는 인공지능 기술 속에서 누구도 내일을 쉽게 예측할 수 없습니다.
그렇기에 더더욱 필요한 것은 '지금, 여기서 나의 감성과 능력치를 알고 중심을 잡아 나가는 것'입니다.
수명은 길어지고, 한 가지 직업만으로는 살아가기 어려운 시대!
자격증을 따고, 스펙을 쌓고, 새로운 분야에 도전하는 것도 중요하지만, 그보다 더 근본적인 질문이 있습니다.
'나는 무엇을 좋아하고, 무엇을 잘하며, 지금, 어떤 삶을 살고 싶은가?'

이 책은 이 질문에 대한 나 자신의 실험이자 여정이라 하겠습니다.
필자의 경우는 과학강사로 안정적인 삶을 살다가 큰 상실을 경험한 순간이 있습니다. 그때 어린 시절의 꿈을 떠올렸습니다.
그래서 다시 시작하게 되었습니다. 무모해 보여도, 늦은 듯해도, 진짜 내가 누구인지 실험해보는 여정을 이어갈 수 있었습니다.
그 실험의 인생 여정은 무대 위의 배우로, 쇼호스트로, 코치로, 과학강사로 영화감독으로 이어졌습니다.

어떻게 보면, 이 책이 필자의 회고록처럼 보일 수도 있습니다.
그러나 이 책의 최종 목적은 내 안에 잠든 가능성과 열정을 깨치는 과정입니다.

누구에게나 나이만큼 살아온 자전적 이야기가 있습니다.
이 책은 혼란과 무기력 속에 멈춰 선 이들에게 말하고 싶습니다.
진로가 불투명한 불확실 시대에서 자기답게 살아가는 방법을 말입니다.
그러므로 **이 책은 삶을 직접 끓이는 실천서**라고 말하고 싶습니다.
진짜 나로 끓는 순간, 삶은 다시 뜨거워지기 때문입니다.
당신의 잠재력을 찾고, 삶을 콘텐츠로 만들어서 현실을 바꿔 나가는 '진짜 자기'를 끓이는 여정을 돕기 위한 책입니다.

80억 명의 지구인. 그 잠재력과 환경은 모두 다릅니다.
같은 인간은 없습니다. 하지만, 자신을 깨우는 방법에는 열정으로 자신을 끓이는 방법밖에 없습니다.
인생에 정답은 없다고 합니다. 그 방법도 수만 가지! 하지만 자신을 키운 방법 중에서 가장 앞에 있는 것은 열정으로 나를 끓여 나가는 것입니다.
보잘 것 없지만, 필자가 끓여온 '인생 라면' 이야기로 풀어 보겠습니다.

이 책 뒤에는 특별한 보너스 부록이 마련되어 있습니다.
[Bonus] 리얼스프 잠재력 부스터 워크북
　　Step 1. 진짜 나를 만나는 15가지 코칭 질문
　　Step 2. 인생 경험을 글로 풀어내는 창의 글쓰기 과제
　　Step 3. 나의 창의성과 실행력을 점검하는 셀프 테스트
　　Step 4. 7일간의 '나를 끓이는 도전' 실천 미션

목차

프롤로그

Part 1. 진짜 나를 만나는 DNA 코칭

나라는 존재의 뿌리를 찾아서

"지나온 삶은 사라진 게 아니라, 지금의 나를 만든 재료였다."

1. 유산처럼 물려받은 가족의 온기_"기억은 사라지지 않는다. DNA에 남는다"··· 010
2. 아버지와 나, 헤어짐 이후의 기록_"슬픔은 사라지지 않지만, 삶은 계속된다"··· 020
3. 엄마의 손글씨와 삶의 단단함_"그녀는 말없이 내 삶을 이끌었다"··········· 023
4. 고모와 이모들, 삶을 일으킨 여성들_"조력자는 가까이에 있다"·············· 026
5. 유년기의 기억: 놀이터에서 시작된 상상력_"놀이는 재능을 여는 열쇠다"··· 029
6. 고2병이 만든 개그우먼의 꿈_"꿈은 현실보다 먼저 태어난다"·············· 031
7. 거울 앞에서 연습한 개그_"모든 재능은 혼잣말로부터 시작되었다"············ 033
8. 가족 인터뷰: 기억의 퍼즐 맞추기_"내 과거를 새롭게 해석할 용기"·········· 036

Part 2. 상상이 현실이 되는 멘탈 크리에이티브 코칭

무대 위, 렌즈 속, 마이크 앞에서 발견한 나

"도전은 내면에 있던 예술가를 깨운다."

1. 대학로 무대에서 인생을 걸다_"처음으로 내 감정이 살아 움직였다"············ 040
2. '억척어멈'에서 내면을 꺼내다_"억척스러움은 생존력이다"······················· 046
3. 시민연극에서 직장인 연극단까지_"비전공자여도 진짜 무대를 만들 수 있다"··· 050

4. 개그맨 시험의 쓴웃음_"떨어졌지만, 멈추지 않았다" ················· 052

5. 일일쇼호스 오디션 통과 후 CJ오쇼핑 광고 최다출연자 되다!
   _"꼭 잘 하려고 하지 않아도 할 수 있다!" ························· 057

6. 동방현주 오프닝 작가 경험_"내가 쓴 글이 누군가의 하루를 연다" ········ 068

7. 단편영화 도전기_"렌즈 속 나, 처음으로 진짜 내가 보였다" ··········· 075

8. 수 백번의 오디션_"떨어졌지만, 내가 사라진 건 아니다" ············· 081

9. 기자와 작가로 전환_"이제는 내가 나를 기록한다" ················· 084

10. 식탐송, 방송 콘텐츠 제작기_"유머는 진심을 감싸는 포장지다" ········· 087

11. 사진작가의 모델로 서다_"뚱뚱한 여자의 코르셋, 나를 해방시키다" ······ 092

12. 방송국 구경하고 싶어서 가수 매니저로 활동하다 가수까지 되다!
   _"꿈의 문은 때때로 우연을 가장한 용기로 열린다" ················· 095

Part 3. 있는 그대로를 사랑하는 존재감 코칭

나답게 살기 위한 자기 수용과 브랜딩

"진짜 나를 사랑하게 되는 순간, 가능성은 확장된다."

1. 과학강사에서 코치로_"강의는 무대였고, 무대는 나였다" ············· 104

2. 기업강사의 첫 강의_"창의력은 연결이다. 과학과 소통이 만나다" ········ 106

3. '진국' 브랜드 만들기_"브랜드는 내가 나를 사랑하는 방식이다" ········· 114

4. 일상이 콘텐츠가 되다_"내 삶이 누군가에겐 동기부여다" ············· 117

5. 다문화와 함께 사는 기획_"다름은 아름다움이다" ·················· 121

6. 영화 제작자로 아카데미까지 가는 꿈_"크든 작든, 꿈은 늘 나를 키운다" ····· 129

Part 4. 삶이라는 냄비에서 나를 끓이는 라이프 코칭

경험을 요리하고, 나를 새롭게 조합하기
"나는 언제나 다시 끓일 수 있다."

1. 인생 2막, 직업은 내가 만든다_"직업은 내 인생의 창작물이다" ················ 138
2. 실패로부터의 선물_"실패는 정체성을 재조립하는 기회다" ··················· 142
3. 리얼스프 프로젝트 시작_"나는 판을 벌일 줄 아는 사람이다" ················ 145
4. 삶이 플랫폼이 되다_"사람이 곧 플랫폼이다" ································· 149
5. Only One Story 만들기_"복잡한 삶은 한 줄의 힘으로 연결된다" ············ 152
6. 자기 변신 전략_"나는 매년 다시 태어난다" ··································· 156

에필로그: 삶은 계속되고, 나는 계속 창조한다 ··· 160
"끓이고, 넘치고, 다시 시작하고.
나는 나의 인생 셰프다."

Bonus. 리얼스프 잠재력 부스터 워크북 ··· 162
"지금의 나는, 과거의 내가 끓여낸 수프다.
이제 미래를 위해 새로운 재료를 준비하자"

부록 내용 요약
- 15가지 자기코칭 질문지 ··· 163
- 창의 글쓰기 과제 3종 ··· 164
- 셀프브랜딩 체크리스트 ··· 165
- 7일 잠재력 도전 루틴표 ··· 166

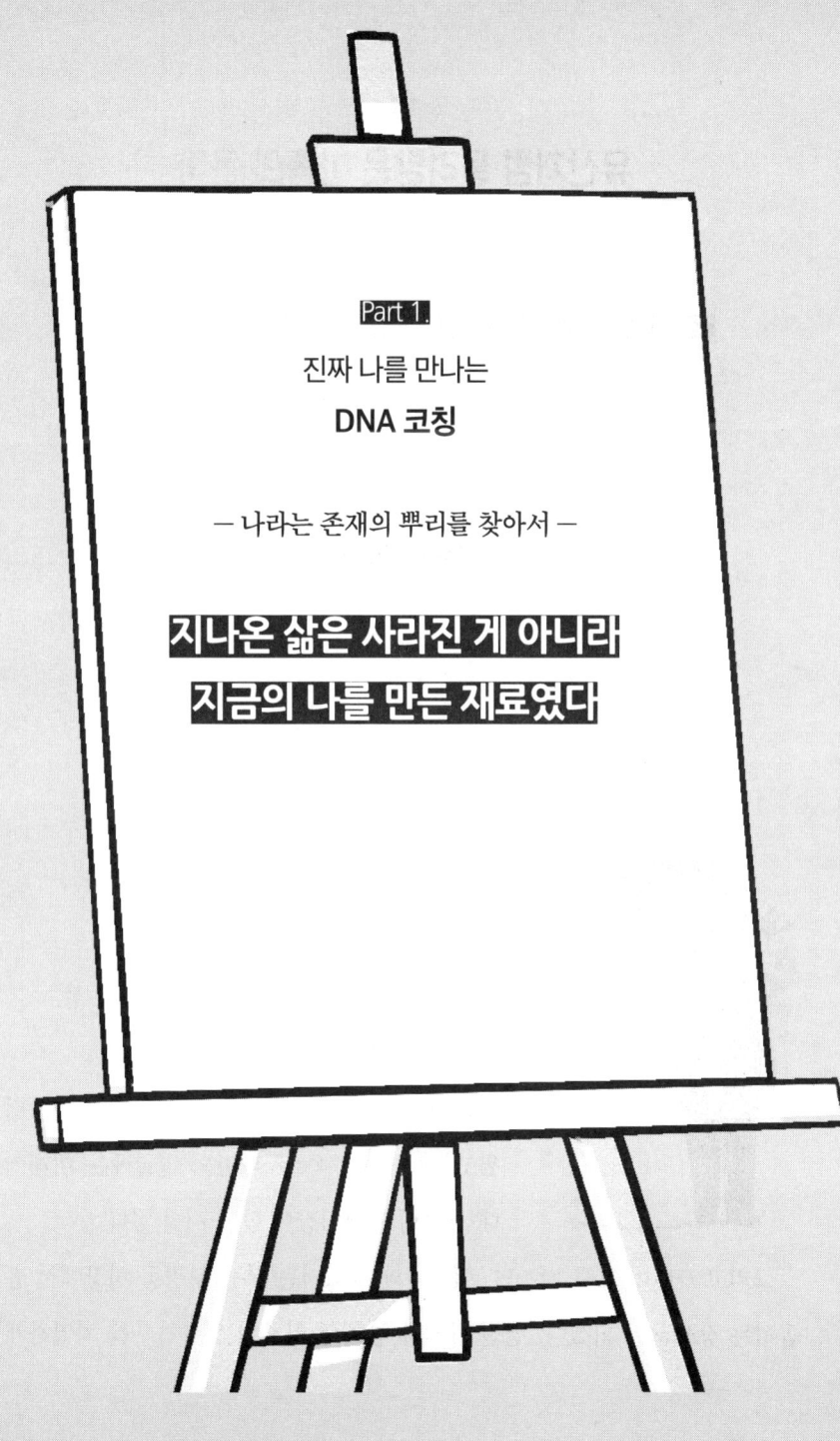

Part 1.
진짜 나를 만나는
DNA 코칭

— 나라는 존재의 뿌리를 찾아서 —

**지나온 삶은 사라진 게 아니라
지금의 나를 만든 재료였다**

1.
유산처럼 물려받은 가족의 온기

기억은 사라지지 않는다. DNA에 남는다. 기억 속의 당신과 마주하자!

한 문장 미션

• 가족 중 가장 기억에 남는 한 사람을 적고, 그 이유를 써보자 •

부평동 생선가게에서 시작된
우리 가족의 진국 이야기

1973년, 엄마 스물두 살, 아빠 스물네 살. 그해 두 분은 결혼식을 올렸다. 당시는 이른 나이에 결혼하는 것이 자연스러웠고, 흑백사진 속 두 사람의 얼굴에는 미래에 대한 설렘과 책임감이 함께 서려 있다.

그리고 17년이 흐른 1990년. 어머니와 아버지는 부산 부평동 시장에서 손꼽히는 장사꾼이 되셨다. 생선 가게를 함께 운영하며 하루하루를 치열하게 살아가셨지만, 그 여정은 처음부터 순탄하지 않았다.

시간을 다시 뒤로 거슬러 올라가 본다. 1981년, 지금으로부터 40여 년 전. 그 시절은 '암'이라는 병조차 생소하고, 의료 기술도 지금처럼 발전되지 못했던 때였다. 그 무렵 나의 친할머니 즉, 아버지의 어머니께서 암으로 병원에 입원하셨다.

나는 너무 어려 기억나지 않지만, 매일 아버지와 함께 부산 고신의료원에 들렀다고 한다. 할머니는 아버지를 쏙 빼닮았고 잘 울지도 않고 얌전했던 나를 유독 좋아하셨다고 한다.

할머니는 시장에서 전설처럼 불리던 분이었다. 부평동 시장에서 생선 장사로 큰돈을 벌었고, 해운대에 땅을 사고, 시장 안에 건물도 살 만큼 장사 수완이 뛰어나셨다. 모든 것을 정직하게, 현금으로 이루셨던 분. 시장 사람들은 "법 없어도 살 분"이라 부르며 그 인품을 좋게 말해 주었다.

하지만 인생은 늘 그렇게 평탄하지 않았다. 병이 찾아오자 아버지는 어떻게든 어머니를 살리기 위해, 1년 가까이 병원에 매달리셨다. 그 시간 동안 할머니가 평생 모은 돈은 병원비로 모두 쓰였고, 결국 할머니는 떠나셨다.

아버지에게 커다란 충격이었다. 장례를 치른 뒤 친척들에게 도움을 구했지만, 돌아온 건 차가운 현실뿐이었다. 그 경험은 아버지를 완전히 바꾸어 놓았다. 절약 정신이 철저한 '왕소금' 별명을 얻을 만큼 바닥부터 삶을 재건하셨다.

길바닥 반찬 장사로 첫 발을 뗐고, 이후 친할머니가 하시던 생선 장사를 이어받았다. 어머니는 생선 손질도, 장사도 처음이었다. 하지만 생계 앞에서 주저하지 않으셨다. 처음엔 서툴렀지만, 금세 익숙해지셨고, 환한 인상 덕분에 시장에서도 금세 인기를 얻으셨다.

아버지는 새벽 3시에 수산시장에 가서 생선을 떼어오셨고, 어머니는 손질한 생선을 시장에서 판매하셨다. 그렇게 두 분은 '젊고 야무진 부부'라는 별칭을 얻으며 신뢰를 쌓아가셨다.

불과 10년도 지나지 않아 연산동에 단독주택을 마련했고, 부평동에 건물도 장만하셨다. 1988년, 우리는 그 부평동 건물로 이사했다. 당시 은행 예금 이자가 10%가 넘던 시대였지만, 아버지는 단 한 푼의 빚도 지지 않으셨다. 모든 것을 현금으로 마련하셨다는 건, 두 분이 얼마나 근면하게, 철저하게 살아오셨는지를 보여준다.

이 이야기는 단지 한 가정의 삶이 아니라, '할머니의 중병으로 기운 가세를 어떤 에너지로 다시 세우게 되었나' 하는 샘플 스토리이다. 그리고 그 연장선에서 지금의 필자 자신을 끓이고 있다. 그분들이 그러하셨듯이….

17년의 시간, 그리고 사랑의 무게

1990년, 부모님이 결혼하신 지 17년이 되던 해, 그해에 찍힌 한 장의 사진 속에는 부평동 시장에서 가장 성공하던 시절의 두 분 모습이 담겨 있다. 장사에 한창 전념하고 있던 젊은 부부의 모습은 여전히 생생하다.

치열했던 세월 속에서도 서로를 의지하며, 함께 걸어온 시간의 무게도 고스란히 느껴지는 사진이다.

물론 두 분 사이에 다툼도 적지 않았다. 가끔은 전화기와 선풍기가 날아다 녔고, 집 안 공기가 무겁게 내려앉던 날도 있었다. 하지만 그런 순간조차도 지나가면 결국 두 분은 다시 손을 맞춰 일을 해나갔다. 아무 일 없었다는 듯, 다음 날 새벽 어김없이 생선을 사러 나가셨다. 우리 네 딸을 위한 하루를 또 묵묵히 시작하셨다.

나를 감동시키는 건, 두 분이 각자의 꿈을 잠시 접고 온전히 자녀들의 삶에 집중하셨다는 점이다.

"우리 네 딸, 다 대학교만 보내면 된다."

그 한마디가 두 분의 삶을 움직였고, 그 목표를 위해 아끼고 또 아끼며 살아오셨다. 결국 네 명의 딸은 모두 대학에 진학했고, 두 분은 조용히 그 약속을 지켜내셨다. 교육의 중요성을 말로만이 아니라 삶으로 보여주신 것이다.

이제 나는 문득 그런 생각을 해본다. 당신들은 어떤 꿈을 품고 있었을까. 그리고 그 꿈들은 결혼과 육아 앞에서 어디로 흘러갔을까.

내 부모님의 꿈은 지금도 흘러가고 있다. 그 꿈을 이어받은 나는 그 꿈의 연장선상에 있기 때문이다. 부모님이 남겨주신 삶의 본보기, 그 사랑과 헌신의 유산은 앞으로 내가 걷는 길에서도 언제나 등불이 되어줄 것이다.

딸 시집 보내던 날

작은언니는 대학교를 졸업한 해, 우리 집 네 자매 중 가장 먼저 시집을 갔다. 첫 딸을 시집보낸다는 건 우리 어머니에게 정말 큰일이었다. 어쩌면 인생의 첫 번째 '공식적인 행사' 같았던 그날. 그래서였을까. 어머니는 그 어느 때보다도 정성과 애정을 담아 준비하셨다.

이바지 음식부터 예물, 혼수 하나하나까지 손수 챙기시던 엄마. 결혼식을 단순한 의례로 치르고 싶지 않으셨던 그 마음. 딸의 결혼을 가장 빛나게, 가장 아름답게 보내고 싶으셨던 그 진심이 지금 생각해도 참 따뜻하고 찡하다.

그때 어머니의 나이는 겨우 마흔일곱. 쉰도 되기 전, 딸을 시집보내시고 이듬해인 1999년, 첫 손주가 태어나셨다. 마흔아홉에 '할머니'라는 이름을 얻었다. 그때는 그렇게 살아가는 가정들이 많았던 시절이었다.

나는 언니의 결혼이 참 신기했다. '언니도 결혼을 하는구나.' 어른이 되는 순간을 눈앞에서 보는 듯한 느낌이었다. 결혼 이후에도 언니는 여전히 우리 중 가장 성격이 강한 사람이었다. 그래서일까, 그 강한 언니를 껴안고 함께 살아가는 작은형부가 새삼 대단하게 느껴지기도 했다.

우리 집은 장녀가 먼저 시집가야 한다는 고정관념이 없는 자유로운 분위기였다. 그래서 큰언니는 작은언니 결혼 뒤, 무려 10년이 지나 결혼했다.

1998년, 그날. 우리는 네 자매가 함께 기념사진을 찍었다. 그때의 풋풋한 모습은 지금 봐도 참 사랑스럽다. 고3 시절, 인생 최고 몸무게를 찍고, 대학 입학 후 폭풍 다이어트를 거친 나는 그 사진 속의 내 모습이 나름 괜찮아 보여서 아직도 그 사진을 좋아한다.

그 시절을 떠올릴 때마다, 언젠가 다시 네 자매가 함께 사진을 찍을 수 있기를 바라게 된다. 그땐 또 어떤 좋은 소식이 있을까. 아마도 그날처럼 우리 모두가 환하게 웃으며, 다정하게 팔짱을 끼고 사진 속에 남게 되겠지. 그런 날이 오기를, 나는 오늘도 조용히 기대해본다.

세상에 나온 날의 기억

1979년 9월, 나는 태어난 지 100일이 되었고, 부모님은 나를 안고 사진관으로 향하셨다. 정성껏 입힌 옷, 조심스럽게 단장한 아기의 얼굴, 그리고 사랑이 담긴 그 한 컷의 사진. 그 사진은 지금까지도 우리 가족에게 특별한 의미로 남아 있다.

어머니는 내 어릴 적 사진들을 하나하나 정성껏 보관하셨다. 성적표 하나까지도 버리지 않으셨던 분이다. 내 삶의 작은 흔적들을 하나도 흘려보내지 않으시려는 듯, 늘 꼼꼼히 간직해 주셨다. 그 마음이 이제 와서 더 크게 느껴진다.

백일 사진을 찍고 한 달쯤 지난 어느 날, 1979년 10월 26일. 대한민국의 역사가 흔들린 그날, 나는 엄마와 아빠 품에 안겨 남포동 근처를 지나고 있었다고 한다.

그때의 기억이 희미하지만, 어렴풋이 떠오르는 것이 있다. 거리에 퍼졌던 매캐한 최루탄 냄새, 사람들의 분주한 발걸음. 그리고 엄마 품 안의 따뜻한 체온.

'정말 그걸 기억해?'라고 묻는다면, 나도 확신할 수 없다. 그저 내 안 어딘가에 남은 덧칠된 기억일지도 모른다.

하지만 그날의 혼란스러운 분위기, 엄마가 나를 꼭 끌어안았던 느낌, 그 체온은 지금도 낯설지 않다. 그것은 어쩌면 내가 처음 세상을 인식한 방식이었을 것이다. 따뜻함과 혼란, 보호받고 있다는 안도감과 세상에 대한 막연한 두려움. 그 모든 감정이 작은 아기의 감각에 새겨졌을지도 모른다.

입학식 날, 삐죽 내민 입술

1986년 3월 5일, 내 초등학교 입학식 날이었다. 그날 나는 어머니가 아닌 이모의 손을 잡고 학교에 갔다. 어머니는 장사 때문에 입학식에 함께할 수 없으셨다. 그 시절 어머니는 가족의 생계를 책임지느라 누구보다 바쁘셨고, 집안일은 자연스럽게 이모에게 맡겨야 했다. 그래서 나는 어린 시절의 많은 순간을 이모와 함께 보냈다.

유치원 발표회, 학교 입학식, 운동회 같은 특별한 날들에도 어머니 대신 곁에 있어준 이모는 내게 두 번째 엄마 같았다. 지금도 이모를 생각하면 가슴 한 켠에 따뜻한 고마움이 인다.

어린 마음에는 물론 섭섭함도 있었다. 친구들의 엄마가 손을 잡아주던 입학식 날, 나만 이모 손을 잡고 선 그 순간은 외로움으로 남았다. 그때의 나는 그저 엄마와 함께 사진 한 장 찍고 싶었는지도 모른다.

입학식 날 사진 속 나는 입을 삐죽 내밀고 있다. 어쩌면 그 표정에는 "엄마도 함께 와줬으면 좋았을 텐데…" 하는 작은 투정이 담겨 있었을 것이다.

하지만 이제는 안다. 그 부재가 어쩔 수 없는 사랑의 방식이었다는 것을. 당신이 나와 함께 있지 않았던 그 시간 동안, 사실은 가장 큰 방식으로 나를 지켜주고 계셨다는 것을.

그 빈자리가 결국엔 내가 강해지고, 단단해지고, 누군가의 버팀목이 되는 사람으로 자라게 만든 보이지 않는 울타리였다는 걸, 이제는 진심으로 이해하게 되었다.

진국이와 섭섭이 그리고 자매의 시간

1989년, 나는 초등학교 4학년, 여동생은 2학년이었다.

우리는 정말 찰떡궁합이었다. 잘 놀기도 하고, 잘 싸우기도 했다.

심지어 한 번은 옥상에서 자리를 한 번도 안 바꾸고, 무려 두 시간 동안 말로만 싸운 적도 있다. 고함도, 손찌검도 없이 오로지 말로만.

말의 싸움, 감정의 공방.

역시 여자들은 언어에 강하다는 말이 괜히 있는 게 아니었다.

낮에는 어머니는 장사하러 나가시고, 아버지는 새벽 일 끝내고 낮잠을 주무셨고, 언니들은 고학년이라 학교에 가 있는 시간이 많았다.

결국 집에 남는 건 나와 여동생 둘. 그만큼 함께 놀기도 많이 놀았고, 싸우기도 정말 많이 싸웠다.

그 싸움은… 무려 25년이 넘어서까지도 이어졌지만, (웃음) 지금은 예전 얘기를 꺼내며 함께 웃고, 서로를 위하는 좋은 자매가 되었다. 서로 다른 두 사람이 맞춰가려면, 결국 시간과 사랑이 필요했던 것이다.

그때의 나는 여전히 '숏커트'를 유지하고 있었다. 외할머니 댁 근처 문방구에 가면, 주인 아주머니는 나를 보고 늘 말씀하셨다.

"그놈 참 실하네."

그 말이 무슨 뜻인지 몰랐지만, 어쩐지 튼튼하게 생겼다는 뜻이겠거니 했다. 나중에야 알았다.

그분은 내가 남자아이인 줄 알았던 거였다.

나는 운동을 잘하는 체질이었다.

물론 달리기는 느렸지만, 몸이 유연하고 튼튼했다.

88올림픽 때 김미정 선수가 유도 금메달을 따자, 아버지는 바로 나를 유도장에 데려가셨다. 유도선수로 키우고 싶으셨던 것이다. 하지만 낙법이 무서워 일주일 만에 그만두었고, 이후 합기도를 권하셨지만, 나는 단호하게 거부했다. 그래도 나는 비실비실하지 않았다. 통통하고 다부지며, 정말 건강한 아이였다.

가끔 아플 때도 있었지만, 주변 사람들은 내가 아프다고 하면 믿지 못했다. 너무 건강하게 생겨서였다. 그 이유를 알고 보니, 어머니가 내 뱃속에 나를 품고 계셨을 때 몸보신을 엄청 열심히 하셨다고 한다.

"내가 진국이 너 가졌을 때, 녹용이랑 영지버섯을 엄청 먹었데이. 근데 니가 다 빨아묵었다 아이가."

그 말에 나는 한 치의 의심도 없이 고개를 끄덕였다.

"인정."

원래 어머니는 아들을 기다리고 계셨다고 한다. 그래서 나를 '진국'이라 부르셨다. 앞집 할아버지가 지어주신 이름이었다.

내가 딸이라는 사실에 섭섭했지만, 크게 낙담하지는 않으셨다.

옥생관 탕수육과 졸업식의 기억

1992년, 나는 초등학교 6학년이었다.

입학식이 엊그제 같은데, 어느새 졸업을 맞이했다. 그날은 이상하게 눈물이 나지 않았다. 오히려 마음이 들뜨고, 기분이 좋았다.

왜냐고? 아버지께서 졸업식 끝나고 부평동 옥생관에서 탕수육을 사주시겠다고 약속하셨기때문이다.

그 시절의 나는 참 단순했고, 그래서 더 사랑스러웠다.

탕수육 하나에 졸업의 아쉬움보다 기대가 앞섰던 아이. 그게 바로 6학년의 나였다.

그날 나는 과감하게 짧은 숏커트를 하고 있었다.

졸업식 사진 속의 나는, 여자아이인지 남자아이인지 구분이 어려울 정도였다.

'진국'이라는 중성적인 이름처럼, 외모도 왠지 그런 분위기를 풍겼다.

그래도 분명한 건, 나는 딸부잣집의 셋째 딸이었다는 것. 그것도 아버지의 넘치는 사랑을 가장 많이 받았던, 조금 특별한 딸.

졸업식 날 찍은 사진을 본 사람들은 하나같이 말했다.

"와, 아버지랑 똑 닮았네. 쌍둥이 같다."

그 말이 칭찬인지, 애매했지만… 듣고 나면 기분이 좋았다.

그리고 그 말엔 늘 이런 한 마디가 덧붙었다.

"아버지 닮은 딸은 커서 잘 산다더라."

그 말을 어린 나는 진심으로 믿었고, 사실 지금도 믿고 있다.

아버지의 따뜻한 미소, 그날의 옥생관 탕수육 그리고 사진 속의 짧은 머리의 나. 모두가 나의 뿌리가 되어, 오늘의 나를 단단히 지탱해주고 있다.

2.
아버지와 나, 헤어짐 이후의 기록

"슬픔은 사라지지 않지만, 삶은 계속된다."

한 문장 미션
• 가장 보고 싶은 사람에게 쓰는 편지를 써보자 •

아버지를 닮은 나

1992년, 내 초등학교 졸업식 날. 그날 아버지는 정성스레 차려입고 내게 오셨다.

지금은 하늘나라에 계신 아버지지만, 그 시절엔 '남진을 닮았다'는 말을 들을 만큼 멋진 분이셨다.

졸업식 사진 속의 아버지와 나는, 신기하게도 헤어스타일까지 똑같았다.

누가 봐도 쌍둥이처럼 닮았다는 말을 들을 정도였다.

어릴 적부터 늘 듣던 말이 있다.

"셋째 딸은 얼굴도 안 보고 데려간다."

셋째 딸들이 예쁘고 괜찮다는 뜻이었겠지. 아버지를 닮은 나도 그런 칭찬을 실감할 날이 올 거라 생각했지만, 아직은… 경험해보진 못했다. (웃음)

아버지는 이야기 보따리를 참 재미있게 푸시는 분이었다.

기타도 치셨고, 한자에 밝으셨으며, 글씨는 또 어찌나 단정하고 반듯하게 쓰셨는지. 무엇보다 '교육'에 대한 열정이 가득하셨다.

나는 초등학교 입학 전부터 구구단을 외웠다.

아버지 무릎을 베고 다리를 주물러드리며 외웠던 시간들이 지금도 눈에 선하다. 그 덕분인지 숫자 감각이 빠르게 생겼고, 학원 한 번 다니지 않아도 수학은 스스로 재미있게 풀어냈다. 하지만 받아쓰기는 늘 약했다. 매번 틀리고, 매번 혼나곤 했다.

글씨는 초등학생 때까지는 예쁘게 썼지만, 중학생이 되며 필기에 쫓기다 보니 글씨가 날아다니기 시작했다.

속도가 중요했던 시절, 예쁜 글씨는 사치였다.

나중에서야 알게 된 사실 하나.

아버지에게도 꿈이 있었다. 배우가 되고 싶으셨고, 또 가수도 꿈꾸셨단다.

노래방에 가면 마이크를 절대 놓지 않으시고, 열정적으로 노래를 부르셨다. 심지어 포장마차에서 조용필을 만나 함께 술을 마셨다는 전설 같은 이야기도 들려주셨다.

전국의 공연장을 친구와 함께 누비며 우리나라에서 열리는 웬만한 공연은 다 보셨다는 아버지.

외국영화도 참 좋아하셨다. 나는 아버지를 따라 극장에 가서 자주 영화를 봤고, 아버지는 영화 속 세상에 대해 이야기하셨다. 그런 아버지를 보며 나는 늘 생각했다.

'우리 아버지, 정말 머리도 좋고, 멋진 분이셨구나.'

하지만 인생은 언제나 순탄치만은 않다. 고등학교 1학년 때, 아버지는 친아버지인 할아버지를 여의셨다. 어린 나이에 집안의 가장이 되어야 했고, 그 외롭고 무거운 책임은 아버지를 일찍 어른으로 만들었다.

다행히 친할머니가 장사를 잘하셔서 아버지는 부족함 없이 성장하셨다고 한다. 멋쟁이셨던 아버지. 단정하게 옷 입고, 유머 있고, 눈빛은 늘 따뜻했다. 하지만 누구나 완벽하진 않다.

할머니의 암 투병과 죽음 이후, 아버지는 큰 충격에 빠지셨다. 그 후로 술을 자주 드셨고, 결국 그 술이 아버지의 건강을 앗아가는 데 영향을 주었다.

그래서 우리 가족은 '술'이라는 단어만 들어도 인상을 찌푸렸다. 술에 지친 가족. 그럼에도 불구하고, 아버지가 술을 드시지 않으실 땐 정말 자상하고 멋진 분이셨다.

2009년, 아버지는 중환자실에서 의식 없이 누워 계셨다. 나는 그 손을 꼭 붙잡고 기도했다.

"아버지, 이 생애에 이루지 못한 아버지의 꿈, 제가 대신 이뤄드릴게요."

보고 싶은 아버지. 소풍처럼 왔다가 가는 한 번뿐인 인생, 나는 후회 없이, 미련 없이 살고 싶다.

언젠가 다시 아버지를 만나는 날, 그때엔 둘이 함께 수다 한판, 그리고
당신의 꿈과 내 이야기를 다시 나눌 수 있기를.

3.
엄마의 손글씨와 삶의 단단함

"그녀는 말없이 내 삶을 이끌었다."

한 문장 미션
• 나에게 '무조건적 지지자'였던 사람은 누구인가? 가장 대표적인 예시는? •

나의 당당한 뿌리, 엄마 김화자 씨

우리 엄마, 김화자 씨. 도대체 어디서 나오는지 모를 자신감이 항상 넘쳐나는 분이다.

어릴 적, 부모님이 부부싸움을 하실 때면, 이웃 아주머니가 뭐라 하더라도 엄마는 한 번도 기죽는 법이 없었다.

오히려 더 당차게, 더 자신감 넘치게 받아치셨다. 그 모습은 내 기억 속에 지금도 선명하다.

그 당당함에는 이유가 있었다. 엄마는 무려 '미인대회 출신'이셨다.

1970년대 초, 미스코리아 부산 지역 대회 격인 '바다아가씨 선발대회' 예선을 당당히 통과하셨던 분.

앨범 속, 미니스커트를 입고 포즈를 취한 엄마의 처녀 시절 사진은 이미 포스로 가득했다. 수영복 심사까지 마다하지 않고 당당히 참가하셨던 걸 보면, 그 시절에도 엄마는 정말 대담하고 용기 있는 여성이셨다.

친구와 함께 예선에 참가해서 둘 다 통과했지만, 결국 본선에는 나가지 못하셨다. 이유는 단 하나, 돈. 그 시절엔 대회 참가에도 적지 않은 비용이 들었고, 형편이 여의치 않았던 것이다.

엄마는 가끔 옛날 이야기를 하신다.

"느그 아빠랑 결혼하기 전에 말이다, 날 따라다니던 호텔 사장이 있었는데… 그 사람하고 결혼할 걸 그랬다, 아이가~."

장난기 가득한 눈빛으로 말씀하시는 그 얘기를 들을 때마다 나는 속으로 생각한다.

"엄마, 그랬다면… 전 이 세상에 없었겠죠."

하지만 엄마는 결혼을 후회한다고 말씀하신 적은 한 번도 없다. 대신 요즘은 이렇게 말씀하신다.

"고생 안 시킬 사람하고는 결혼해도 된다. 근데 니 혼자 잘 먹고 잘 살 수 있으면, 혼자가 제일 편하다. 고생할라카믄 뭐 하러 결혼하노."

그 말에, 나도 고개가 끄덕여진다.

우리 집은 딸만 네 명. 엄마는 '아들 못 낳은 한'을 늘 마음에 품고 사셨다. 특히 '우정의 무대'를 보실 땐, "나는 아들이 없어가 이런 것도 못 한다 아이가…" 하며 눈물을 훔치시곤 하셨다.

하지만 작은언니가 아들을 낳고, 그 아이가 군대 갈 때쯤엔 그 '우정의 무대'조차 잊으실 만큼 만족해하셨다. 손주가 그 한을 풀어준 셈이다.

엄마는 늘 긍정적이고, 웃음이 많으신 분이다. 마음속에 간절히 바라는 것을 자주 말로 표현하시고, 절대 희망을 놓지 않으신다. 그 무한한 긍정과 소탈한 태도는 우리 자식들에게 정말 큰 힘이 된다.

물론 그런 순수함 때문에, 가끔은 속기도 하신다. 하지만 그럴 때조차, 엄마는 상대를 탓하지 않으신다.

"이미 떠난 것을 붙잡아봤자 뭐하노. 속만 상하지."

그게 우리 집 분위기다. 과거에 집착하지 않고, 지금을 잘 살자. 엄마는 그렇게 살아오셨다.

요즘 엄마는 스스로 건강을 잘 챙기신다.

"내가 건강한 게 느그들 걱정 안 시키는 거다. 마사지도 받고, 피도 좀 뽑고(부항), 목욕탕도 가고… 소소하게 돈은 많이 든다."

그렇게 말씀하실 땐, 나는 얼른 용돈을 드린다. 살아계신 동안, 그건 나의 기쁨이자 사명이다. 아버지의 유언이기도 했다.

"어머니, 오래오래 건강하게 사셔야 해요. 앞으로 더 좋은 일 많을 거예요. 함께해요, 어머니."

4.
고모와 이모들, 삶을 일으킨 여성들

"조력자는 가까이에 있다."

한 문장 미션
• 내 삶에 힘이 되어준 조력자 3명을 떠올려보자 •

나의 100일 이후

1979년 5월, 단오날. 나는 세상에 태어났다. 그리고 100일이 지난 어느 날, 부모님은 나를 데리고 사진관에 가셨고, 그때 찍힌 사진이 지금도 남아 있다.

그 시절, 아버지는 스물아홉, 어머니는 스물일곱. 아이 셋을 낳으셨던 어머니는 여전히 날씬하고 단정하셨고, 오동통한 나는 카메라 앞에서 얌전하게 앉아 있었다.

하지만, 사진 속의 얌전한 아기 안에는 그 누구도 예상하지 못한 '끼'와 '흥'이 숨어 있었다.

그 끼는 5살 무렵부터 슬슬 모습을 드러냈다.

조용필의 '돌아와요 부산항에'를 그렇게 맛깔나게 불렀다고 한다.

흥이 많아서였을까, 이모들이 나를 보면 만원짜리 지폐에 침을 묻혀 이마에 붙여주며 춤을 추게 하셨다.

나는 신나서 노래도 부르고, 춤도 췄다. 지금도 어린아이들이 노래 부르고 춤추는 걸 보면, 그 시절 내 모습이 오버랩되어 입꼬리가 귀에 걸릴 만큼 웃음이 난다.

초등학교 2학년 때의 일도 잊을 수 없다.

어머니는 시장 아주머니들과 계모임을 하시며 관광버스를 타고 놀러 가셨고, 나도 함께 따라갔다.

넓은 홀에서 사이키 조명이 돌아가고 음악이 울려 퍼지는 가운데, 어머니는 나에게 "춤 춰봐라~" 하셨다. 나는 무대에 올라 신나게 춤을 췄고, 그렇게 무려 세 시간 동안 쉬지 않고 춤을 췄다고 한다.

그 후로 부평동 시장에 심부름을 가면, 사람들이 나를 알아보고 말했다.

"야가, 그 3시간 넘게 쉬지도 않고 춤췄던 그 아 아이가?"

어머니 생선가게 옆 닭집에서는 내가 나타나기만 해도 튀긴 닭을 내주실 정도였다. 나는 조용하고 얌전하게 있다가도, 무대만 생기면 갑자기 바뀌는 아이였다. 내성적인 면과 외향적인 면이 함께 있는, 조금은 낯설고 독특한 성향이었다.

그때는 몰랐다. 내가 이상한 건가 생각해본 적도 없었다.

그냥, 본능적으로 무대가 좋았고, 흥이 나면 춤추고 노래했다.

누가 시켜서가 아니라, 내가 원해서 했고, 그 순간이 즐거웠다.

성인이 된 어느 날, 한 제자의 학부모님이신 유명한 한의사 선생님께 다이어트를 위해 진맥을 받으러 간 적이 있었다.

그분은 내 맥을 짚더니 이렇게 말씀하셨다.

"평소에 내가 누구인가, 자주 생각할 겁니다. 전혀 다른 성향이 함께 있는, 정말 드문 체질입니다."

그 말이 잊히지 않았다. 내 안의 모순처럼 느껴졌던 내성적 나와 무대 위에서 펄펄 살아나는 외향적 나, 그 사이의 낯섦과 질문들이 그 한 마디로 퍼즐처럼 맞춰졌다.

어릴 땐 몰랐다. 하지만 이제는 안다. 무대 위의 나와 일상 속의 내가 다른 건 결코 이상한 게 아니었다. 그건 나의 기질이자 하나의 '선물'이었다.

그리고 나는 그 선물을 받아들였다.

5.
유년기의 기억: 놀이터에서 시작된 상상력

"놀이는 재능을 여는 열쇠다."

한 문장 미션
• 어릴 적 가장 몰입했던 놀이를 적어보자 •

이름 덕에 기쁨 주는 인생, 진국이라서 가능한 일

"제 이름은 '박진국'입니다."

"배우자 성함이신가요?"

처음 전화한 사람에게 자주 듣는 질문이다.

"아뇨, 제가 박진국입니다"하고 당당히 말하면, 상대는 다시 한 번 놀란다.

중학교 시절엔 개그맨 김국진 씨의 전성기.

선생님들은 날 자꾸 "국진아~"라고 부르셨다.

특이한 이름 덕에 출석부 순서와 상관없이 항상 제일 먼저 이름이 불렸다.

초등학교, 중학교를 거치며 나는 어느새 '학교 개그우먼'이 되어 있었다. 전교 회장 선거 때는 찬조 연설자로 나서서 세숫대야, 빗자루 들고 운동장을 누비며 꽁트를 했다.

이경규, 김국진, 유행어, 성대모사까지 다 넣어서 직접 대본을 쓰고 연기했다.

무대 위에서 느낀 짜릿함. 3천 명 넘는 학생들 앞에서 마치 진짜 개그우먼이 된 것 같은 그 감정은 지금도 생생하다.

"진국 언니~"

모르는 후배, 낯선 언니들까지 내 이름을 알고 반겨주던 시절.

이름이 특이했기에, 사람들 머릿속에 쉽게 남았고 나는 그 안에서 사람을 웃게 만드는 걸 사랑하게 되었다.

하지만 그 꿈을 끝까지 밀어붙이지는 못했다.

사춘기, 현실, 생계, 자존감… 그 모든 것들이 조용히 내 마음속에 내가 꿈꾸던 '무대'를 덮어버렸다.

그러나 꿈은 사라지지 않았다. 내 이름 '진국'처럼, 그 꿈은 마음속 어딘가에 깊이 우러나 보관되어 있었고 언젠가 다시 나를 무대 위로 이끌 준비를 하고 있었다.

그래서 지금, 나는 내 이름을 영어로 바꿔 'RealSoup'이라 불린다.

진국이니까 리얼 수프. 웃음을 주는 이름, 기억되는 이름, 그 이름 덕분에 나는 다시 용기를 낸다.

6.
고2병이 만든 개그우먼의 꿈

"꿈은 현실보다 먼저 태어난다."

한 문장 미션
• 지금 내가 꼭 해보고 싶은 일을 적어보자 •

고등학생, 그 사춘기의 산을 넘으며

1996년, 고등학교 2학년.

말라 있었다. 정말, 인생에서 가장 말랐던 시절이었다.

독하게 다이어트했다. 그 결과로 월경은 멈췄고, 눈썹도 빠졌다.

그건 아마도 내 사춘기의 방식이었을 것이다. 남몰래 무단조퇴도 했고, 서점에서 시간 관리 책을 읽으며 혼자만의 세계에 빠져 들어가 있었다.

나는 여전히 무대에 끌렸다. 수학여행, 설악산 입구.

장기자랑 무대에서 나는 서태지와 아이들의 '교실이데아'를 혼신을 다해 완창했다.

선생님들은 놀랐고, 친구들은 환호했다. 그리고 나는 말없이 설악산을 훌쩍 올라갔다. 그때 처음 알았다.

"나는 산이 맞는 사람이다. 나는 무대를 사랑하는 사람이다."

사춘기는 그렇게 지나갔다.

몸은 망가졌지만 마음은 강해졌고, 입시라는 전쟁터를 향해 무식하리만큼 돌진했다. 결과는? 예상과 달랐다. 원하는 대학은 가지 못했고, 그저 '현실적인 선택'을 따라갔다.

그리고 언젠가, '한국예술종합학교에 갔더라면 어땠을까?'

문득문득 상상도 해본다. 하지만 이제는 안다.

그때의 나는 '진짜 나'를 몰랐다는 걸.

지금은 그걸 안다. 그게 가장 큰 변화다.

7.
거울 앞에서 연습한 개그

"모든 재능은 혼잣말로부터 시작되었다."

한 문장 미션
• 나만 아는 은밀한 재능 하나를 떠올려보자 •

"지는요, 개그우먼이 되고요… 과학연구소도 차릴 거예요!"
— 유쾌한 상상력과 진심이 공존했던 나의 청소년 시절

중학교 2학년, 나는 반장이었다. 어느 날 복도에서 멍하니 서 있던 내게 국어 선생님이 다가와 물으셨다.

"진국아, 너는 커서 뭐가 되고 싶니?"

그 질문은 단순한 형식이 아니었다. 그분의 눈빛은 '정말 궁금하다'는 진심이 담겨 있었고, 나는 1초도 망설이지 않고 또박또박 대답했다.

"지는요, 개그우먼이 되고요. 돈 많이 벌면 과학연구소도 차릴 거예요."

이름도 독특한 '진국'인데, 꿈마저 그랬다. 개그우먼과 과학연구소.

지금도 좀처럼 보기 어려운 조합이지만, 그 시절의 나는 너무도 당당하고 솔직했다.

나는 유쾌한 아이였다. 학교 안에서는 '이름 모르면 간첩'이라는 소리가 돌 정도였고, 전교 회장 선거 때 친구를 위해 찬조 연설을 했을 땐, 그 열정과 끼로 인해 친구보다 내가 더 유명해졌다. 교내에서 나를 알아보는 언니들, 후배들까지 생겼다.

"진국 언니~"라며 반겨주는 그 소리들이 지금도 생생하다.

하지만 나는 정작 앞에 서는 일에는 자신이 없었다. 누군가를 도와주는 무대는 좋았지만, 나 스스로를 내세우는 데는 망설임이 있었다.

나는 친구들을 웃기고, 무언가를 만들고, 학교 행사에 나서는 것을 훨씬 더 즐겼다. 수업 시간엔 성실했지만, 이상하게 국어 시간만 되면 졸음이 밀려왔다.

국어 선생님이셨던 담임선생님은, 아마도 그런 나를 한편으로는 기특하게, 한편으로는 답답하게 보셨던 것 같다.

세월이 흘러, 지금의 나는 어떤 모습일까?

나는 여전히 과학을 사랑하고, 아이들에게 과학을 쉽고 재밌게 알려주는 과학 강사로 활동 중이다. 개그우먼이 되지는 못했지만, 아이들 앞에서는 누구보다 유쾌한 개그우먼이다.

수업이 끝나면 아이들은 꼭 이렇게 말한다.

"선생님, 개그우먼 하셔도 되겠어요!"

그럼 나는 웃으며 대답한다.

"맞아, 그게 내 어릴 적 꿈이었어."

실제로 개그맨 시험에도 여러 번 도전했다.

떨어지긴 했지만, 그 시간조차 후회하지 않는다. 지금의 나는 과학 강사로 번 수익으로 연기와 예능 활동을 병행하고 있으니, 어쩌면 그때의 꿈을 현실로 살아가고 있는지도 모른다.

지금 나는 블로그 '진국이가 간다'를 운영하며 콘텐츠를 만들고, 글을 쓰고, 사람들과 끊임없이 소통하며 새로운 길을 개척하고 있다. 그리고 연기 활동도 시작했다. 특히 코믹 연기에서는 누구보다 자신 있다.

어릴 적 꿈은 '개그우먼 → 돈 → 과학연구소'였지만, 지금은 '과학강사 → 수익 → 연기와 창작 활동'으로 순서만 달라졌을 뿐, 본질은 같다.

나는 지금도 나의 꿈을 살고 있다.

사람들은 내 이름을 들으면 묻는다.

"진국이요? 진국이라… 진짜 이름 맞아요?"

이제 나는 웃으며 당당하게 말한다.

"네, 맞아요. 저는 진짜 진국입니다. Real Soup."

이름 때문에 웃기도 했고, 기대 때문에 부담을 느낀 적도 있지만, 지금은 그 이름을 사랑한다. 왜냐하면, 그 이름 덕분에 나는 평범하지 않은 인생을 살 수 있었으니까.

나는 말하고 싶다.

진짜 '진국'은 단 한 명이 아니라, 자기만의 삶을 진심으로 살아가는 모든 사람 안에 있다는 걸.

8.
가족 인터뷰: 기억의 퍼즐 맞추기

"내 과거를 새롭게 해석할 용기"

한 문장 미션
• 가족 중 한 명을 인터뷰해, 몰랐던 이야기를 들어보자 •

가족 인터뷰 질문 20선

(※ 부모님, 조부모님, 형제자매, 자녀 모두 활용 가능)

1. 어릴 적 가장 행복했던 기억은 무엇이었어요?

2. 가장 힘들었던 시기는 언제였고, 그걸 어떻게 이겨냈나요?

3. 당신이 어릴 때 꾸었던 꿈은 무엇이었나요?

4. 우리 가족 중 가장 기억에 남는 사람은 누구인가요? 이유는요?

5. 나(또는 자녀, 형제자매)가 태어났을 때 기분이 어땠나요?

6. 사랑에 빠졌던 순간을 이야기해 줄 수 있나요?

7. 당신의 부모님(나의 조부모님)은 어떤 분이셨나요?

8. 지금의 내가 모를 것 같은, 나에 대한 재미있는 에피소드가 있나요?

9. 가족을 위해 포기했던 것 또는 희생했던 순간이 있나요?

10. 가장 후회되는 선택이나 결정을 하나 이야기해 줄 수 있을까요?

11. 우리 가족이 서로 더 잘 이해하려면 어떤 노력이 필요하다고 생각하나요?

12. 지금까지 살면서 가장 자랑스러웠던 순간은 언제였나요?

13. 당신이 생각하는 '행복한 삶'이란 무엇인가요?

14. 지금의 나에게 꼭 해주고 싶은 말이 있다면요?

15. 앞으로 우리 가족이 함께해 보고 싶은 일이 있다면요?

16. 만약 과거로 돌아간다면 바꾸고 싶은 순간이 있나요?

17. 자신을 단 한 단어로 표현한다면 어떤 단어를 선택하시겠어요?

18. 당신 인생에서 가장 감동적인 영화나 책이 있다면요?

19. 어릴 적 집안 분위기나 가족 문화는 어땠나요?

20. 나와 함께한 시간 중 가장 기억에 남는 하루는 언제였나요?

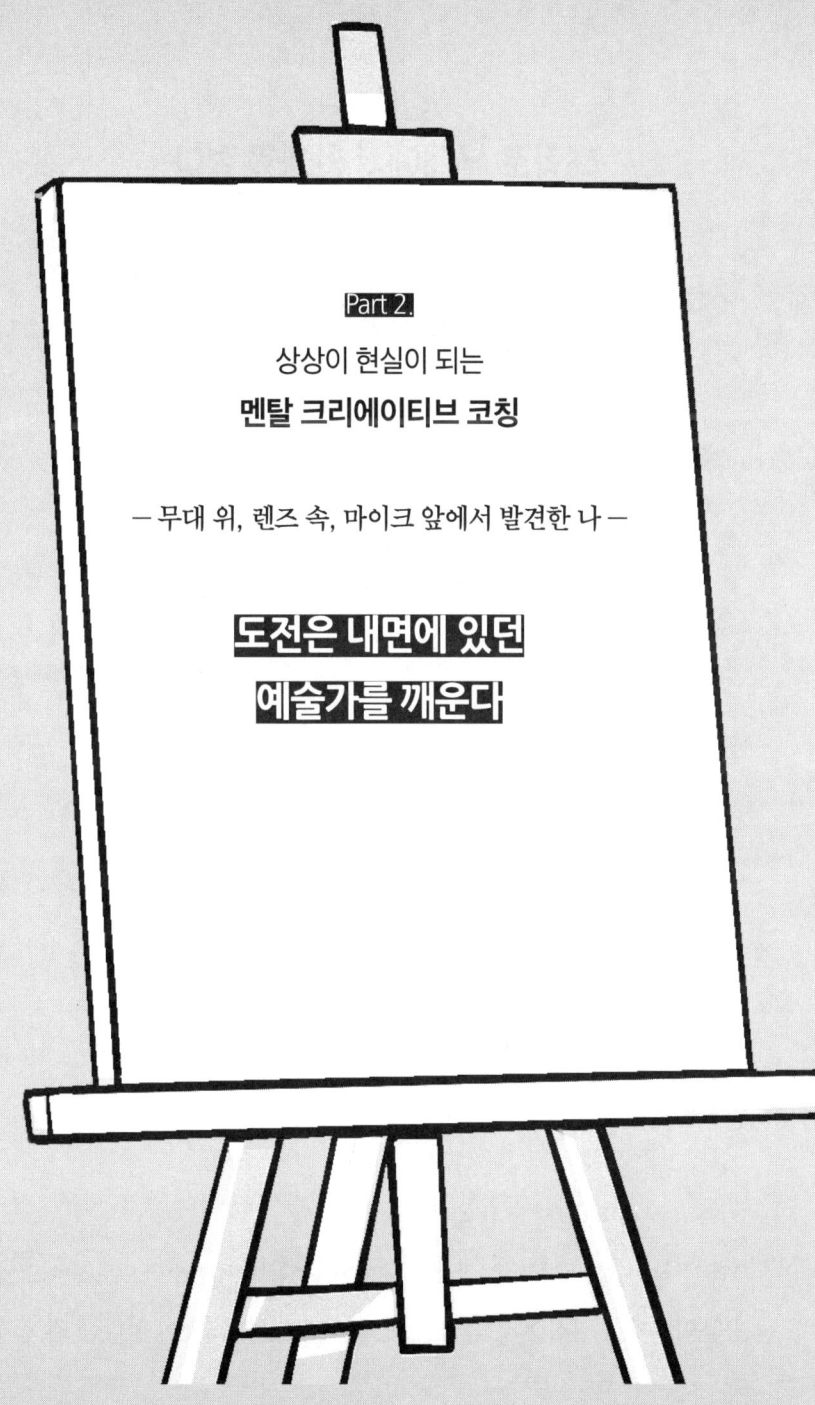

1.
대학로 무대에서 인생을 걸다

"처음으로 내 감정이 살아 움직였다."

한 문장 미션
• 내가 무대에 올라간다면 어떤 역할을 맡고 싶은가? •

직장인 극단 활동을 1년 정도 하면서 조금씩, 조금씩 '그쪽 세계'로 가까워졌다. 그리고 마침내, 내가 가진 것들을 하나둘 정리하고 대학로로 가기로 결심했다.

당시 내 나이를 생각하면 정말 쉽지 않은 결정이었다. 결혼을 하고 가정을 꾸릴 수도 있는 34살이었다. 사람들은 말했다.

"지금 그걸 왜 해?" 하지만 나는 생각했다.

"지금이 아니면, 평생 못할 수도 있어."

그래서 살던 집을 더 작은 집으로 옮기고, 생활비도 최소한으로 줄이고, 2년간 몰입하기로 결심했다. 만약 그 안에 내가 진짜 재능이 없다는 걸 알게 된다면, 미련 없이 돌아오자는 생각이었다.

　남들은 대학원을 간다. 나는 그 돈으로 몸으로, 직접 부딪치며 배워보기로 했다. 내게 더 맞는 공부법이었다.

　그렇게, 나는 무대 위의 진짜 나를 만나기 시작했다.

연극배우 도전기

― "무대 위에서, 나는 다시 살아났다"

　처음 시작은 스물여섯 살이었다. 개그우먼이 되겠다는 꿈을 품고 서울이 아닌 경기도 일산으로 홀로 올라왔다. 정확히 말하자면, 아버지를 3년간 졸라서야 얻어낸 허락이었다. 막상 올라오고 나니, 생계를 먼저 해결해야 했다. 그래서 시작한 일이 바로 과학강사. 안정된 수입과 생활은 의외로 빠르게 자리 잡았지만, 마음 한편엔 늘 갈증이 있었다.

　"내가 진짜 하고 싶은 건 이게 아닌데…."

　시간은 흘렀고, 어느덧 서른을 앞두고 있었다.

　어느 날 새벽기도를 마치고 돌아오는 길, 집 앞 상가에 붙은 '시민연극교실' 현수막이 내 눈에 들어왔다.

　심장이 쿵쾅거렸다.

　마치 나를 부르는 듯한 그 문구에 이끌려, 나는 망설임 없이 전화를 걸었고, 곧바로 오디션을 보고 연극 교실에 들어가게 되었다.

　그곳에서 연극이라는 세상을 처음 만났다. 내 인생 첫 작품은 창작극 〈포도농장〉. 나는 억척스러운 캐릭터 '돈아내' 역을 맡았다. 무대 위에서 그 역할에 빠져드는 순간, 마치 온몸이 씻겨 나가는 듯 개운했고, 완전히 다른 내가 되어 있었다.

관객이 웃어주고, 내 연기를 바라봐주는 그 느낌. 그건 말로 표현할 수 없을 정도로 기쁘고 충만했다. 무대는 내 안의 오래된 무언가를 깨웠고, 그 감정은 지금까지도 생생하게 살아 있다.

그 첫 무대 이후, 나는 다시 일상으로 돌아왔지만 그날의 감동은 내 안에서 꺼지지 않는 불씨가 되었다. 교회에서 성극을 연출하고 대본을 쓰며 아이들과 무대를 만들었고, 연극은 내 삶 속에 자연스럽게 녹아들었다.

그러던 2009년, 아버지께서 세상을 떠나셨고, 나는 다시 삶의 방향을 잃었다. 큰 슬픔 앞에서, 나는 묻기 시작했다.

'나는 누구인가?' '무엇을 위해 살고 있는가?'

결국 나는 안정된 학원 강사 일을 내려놓았다. 진짜 내가 원하는 삶에 몰입하기 위해서였다. 그렇게 '연극을 다시 하자'는 결심을 했고, 직장인 연극 동아리를 찾던 중 '좋은 사람들'이라는 극단을 만나게 되었다.

주말마다 연습하고, 공연을 준비하며 나는 다시 살아나기 시작했다. 감정이 회복되고, 사람들과 소통하는 법을 배우고, 무대 위에서 진짜 나를 마주 보게 되었다.

그 시절의 나는 아직 많이 서툴렀다. 감정 기복도 심했고, 하고 싶은 말은 바로바로 쏟아내며 눈치 없이 행동했던 기억도 있다.

이 글을 쓰며 그때 상처받았을지도 모를 분들께 마음속으로 조용히 사과한다. 그때의 나도, 그 나름대로 최선을 다하고 있었다.

연극은 그런 나를 품어주었다. 무대에서 다양한 감정을 체험하며, 나는 점점 더 단단해졌고, 따뜻해졌다.

직장인 극단의 첫 작품은 〈아름다운 사인〉.

전문 배우가 아닌 우리가 함께 만들어가는 연극에서 나는 처음으로 '진짜 연극'을 배워나갔다. 역할에 몰입하며 슬픔과 기쁨, 고통과 희망을 나누는 그 시간들이 내 삶을 다듬어주었다.

연극은 나에게 예술이었고, 동시에 치유였다. 사람들과 함께 호흡하고, 이야기를 전하고, 마음속 오래된 응어리를 풀어내는 시간.

누군가는 그것을 '예술 치료'라 부를지도 모르지만, 나에게 그것은 살아있는 '인생의 학교'였다. 무대 위에서 나는 다시 태어났고, 무대 아래에서도 한 걸음씩 나를 찾아갈 수 있었다.

♯ 아름다운 사인

직장인 극단에서 처음으로 무대에 올린 작품이었다.

장진 감독님의 〈아름다운 사인〉이라는 단막극이었고, 나는 농약을 먹고 자살을 시도했지만, 끝내 죽지 못한 경상도 사투리의 여인 역을 맡았다.

동아리 활동이라 상업성과는 무관했기에, 우리가 정말 해보고 싶은 좋은 작품을 마음껏 고를 수 있었고, 극단 인원이 많지 않았던 덕분에 나는 입단하자마자 바로 역할을 맡아 공연에 참여할 수 있었다. 하루 동안 두 번 공연을 했는데, 그날의 설렘은 아직도 또렷하다.

처음 무대에 올라간 후 영상을 돌려보니, 풋풋하고 귀엽기도 했지만, 어색한 연기, 대사를 말아먹는 습관, 오글거리는 표정… 민망하면서도 애틋했다. 많은 지인들이 응원하러 와주었고, 따뜻한 박수 속에서 나는 처음 무대를 무사히 마칠 수 있었다.

과학강사로서 수년간 익숙해진 '강의 말투'를 무대에서 떨쳐내는 건 쉬운 일이 아니었다. 그 틀을 벗기 위해 나는 마치 껍질을 벗겨내듯 내 안의 단단한 틀을 하나하나 깨고 있었다.

그 과정이 어색하면서도 재미있고, 내겐 진짜 나를 찾는 시간이었다.

죽이는 수녀들 이야기

이 작품은 내가 직장인 극단에서 두 번째로 맡았던 연극이며, 첫 주연작이기도 하다. 연출님은 외부에서 오신 프로 배우 출신이었고, 오디션을 통해 내가 주인공 '레아 수녀' 역을 맡게 되었다.

감정을 끌어올리고, 인물의 내면을 표현하는 법도 몰랐던 나는 레아 수녀를 제대로 이해하고 싶어 실제 호스피스 병동을 찾았다. 포천의 모현의료센터에서 뵌 수녀님은 내 예상과 달리 밝고 유쾌한 분이셨고, 그 모습은 내 연기에 따뜻한 결을 더해주었다.

이 작품은 내가 연극을 통해 처음으로 깊은 몰입을 경험한 순간이었다. 관객이 아닌 '환자' 앞에서 올린 작은 공연이었지만, 내가 주는 에너지를 누군가가 받아준다는 느낌이 그렇게도 큰 감동으로 다가올 줄은 몰랐다.

그 감동은 대학로 무대의 열기 못지않았다. 우리가 올린 <죽이는 수녀들 이야기>는 전국 직장인 연극제에서 은상을 수상했고, 그 자리에 함께했던 극단원들의 눈물과 웃음은 지금도 내 마음속에 깊이 남아 있다.

꽃다방 블루스

직장인 극단에서 마지막으로 올린 작품이었다. 사실 원래는 <두 여자>라는 작품을 하려 했으나 연출님의 결정으로 <꽃다방 블루스>로 바뀌었고, 나는 처음 맡는 할머니 역할을 맡았다. 살짝 아쉬웠지만, 특별 무대에서 보여준 반전 매력 덕분에 다시 즐거워졌다.

무대를 준비하던 날, 공연장을 찾기 쉽도록 포스터를 붙이고 발자국 스티커를 바닥에 하나하나 붙이던 기억이 아직도 생생하다. 공연이 끝난 후에는 "정말 진짜 할머니 같다"는 말을 들으며 웃음이 났고, 그 말이 참 감사했다.

이 작품을 끝으로 나는 극단을 정리하고, 대학로로 향했다.

♯ 연극 시크릿

대학로 무대에서 처음으로 서게 된 작품이었다. 연습생 기간을 포함해 약 6개월 동안 일산에서 대학로까지 출퇴근하며 연습에 매진했다. 매일 아침 9시까지 연습실에 도착해야 했지만, 그 시간조차 설렘으로 가득했다.

내가 맡은 역할은 정신병동의 간호사. 환자들을 능숙하게 다루지만, 그들을 진심으로 아끼는 따뜻한 인물이었다. 그 배역을 위해 종로 유니폼 도매상에 가서 간호사복을 직접 사고, 공연 후 관객들의 반응을 살펴보며 내가 무대 위에서 살아있다는 느낌을 받았다.

<시크릿> 무대에서는 배우들이 역할을 번갈아 맡는 구조였기에, 매번 다른 호흡과 다른 감정이 오갔다. 그 다양성 속에서 나는 연극의 매력을 깊이 느꼈고, 무대 위의 나와 관객이 이어지는 순간을 소중하게 간직했다.

이제 남은 건, 무대 위에서의 그 빛나는 순간들을, 살아 숨 쉬는 이야기로 남기는 일입니다. 이 긴 여정을 함께 살아내고 있는 당신도, 당신만의 무대 위에서 반짝일 수 있기를 진심으로 바랍니다.

2.
'억척어멈'에서 내면을 꺼내다

"억척스러움은 생존력이다."

한 문장 미션
• 나의 가장 억척스러웠던 순간을 떠올려보자 •

새로운 도전, 그리고 다시 쓰는 '나'

그 후에도 나는 계속 새로운 도전을 준비했다.

오디션을 보고, 동료 배우들에게 묻고 배우며, 하나하나 다음 기회를 찾아갔다.

그러던 중 내게 낭독공연이라는 새로운 무대가 찾아왔다.

낭독공연 - 억척어멈과 그 자식들

공연을 준비하다 보면 참 다양한 일이 생긴다.

서로 다른 사람들이 팀이 되어 함께 무대를 향해 나아가야 하니까.

누군가와는 잘 맞고, 또 누군가와는 맞지 않기도 한다.

나는 이 공연의 연습 중간에 들어갔지만, 기존 팀원들이 너무나 따뜻하게 맞아주었다.

그 덕분에 낯설지 않게 시작할 수 있었고, 낭독이라는 새로운 방식의 무대를 준비하며 나도 몰랐던 내 안의 가능성들을 하나씩 발견해갔다.

아직도 또렷이 기억나는 말이 있다.

함께 공연했던 배우 동생이 나에게 말했다.

"누나는 표현력이 진짜 갑이야. 타고났어. 해석력만 더해지면 대한민국 최고의 배우가 될 수 있어."

그 말을 들으면서도 나는 여전히 나 자신을 잘 모르겠다고 느꼈다. 다만, 나는 미친 듯이 도전하고 있는 중이었다. 스스로 다짐했기 때문이다.

2013년까지는 연기에 몰입해보자.

무대든 낭독이든 뭐든 부딪혀보자.

그래야 진짜 내 안에 재능이 있는지 없는지 확인할 수 있을 테니까.

그래서 사람들에게서 들은 피드백 하나하나를 마음에 깊이 새기며, 나를 찾아가는 여정의 선물처럼 품었다.

나는 이 길을 단순한 취미로 끝내고 싶지 않았다.

정말 나에게 가능성이 있다면, 연기를 삶의 일부로 만들고 싶었다.

2013년도 찍은 억척어멈 낭독공연 단체사진이 있는데, 그때 함께했던 배우들과 지금은 연락이 닿지 않지만, 어딘가에서 각자 멋지게 살아가고 있으리라 믿는다.

그 시기 나는 혼자 살던 집을 정리하고 오피스텔을 구했다.

아르바이트는 하지 않고, 생활비는 남은 돈과 단기 과외로 겨우 이어갔다.

연기에 몰입하기 위해 선택한 길이었지만, 시간이 흐를수록 통장 잔고는 줄어들고, 현실적인 벽은 점점 더 가까이 다가왔다.

문득, '내가 지금 뭘 하고 있는 걸까?'라는 질문이 마음 한가운데를 파고들었다.

오디션 기회는 드물었고, 연기만으로 생계를 이어가기엔 너무 벅찼다.

그래서 스스로 마감선을 정했다.

"2013년 12월까지만 해보자."

그렇게 나는 마음을 다잡고, 11월부터 다시 과학강사로 돌아갈 준비를 시작했다.

그 선택은 아팠다. 확신 없이 무대를 떠난다는 것이 아쉬웠고, 진짜 재능이 있었는지 끝까지 확인하지 못한 것이 걸렸다. 하지만 후회는 없었다.

하고 싶은 걸, 온전히 해봤으니까.

그로 인해 얻은 자유와 깨달음은 돈으로도 살 수 없는 것이었다.

단지, 하고 싶은 일을 한다고 해서 행복이 저절로 따라오는 건 아니라는 것. 그 일에는 책임과 불안도 함께 따라온다는 걸 알게 되었을 뿐이다.

무대에서 내려와 다시 현실로 돌아오는 길.

관객들의 박수 소리 대신, 조용한 공기가 귀에 맴돌았다. 그리고 내 안의 질문도 변했다.

"연기를 계속할 수 있을까?"가 아니라 "연기를 계속해도 괜찮은 사람일까?"

그렇게 나는 조용히 무대를 내려놓았고, 다시 과학 강의의 세계로 돌아갔다. 그러나 그 무대의 시간은 결코 헛되지 않았다. 그 시간은 나를 더 깊이 들여다보는 계기가 되었고, 이후 2015년, '코칭'이라는 또 다른 길을 만나며 나는 다시 변화를 맞았다.

코칭은 나에게 완전히 새로운 세상이었다.

내 안의 가능성을 발견하게 해줬고, 지금까지의 모든 경험들—연기, 무대, 감정—모두가 새롭게 연결되기 시작했다.

그리고 다시, 무대가 그리워졌다.

지금은 공연 연습이나 일정이 쉽지 않지만, 나는 다짐했다.

매년 한 편씩, 나의 이야기를 담은 모노극을 만들자.

무대에 자주 서지 못하더라도, 나만의 무대, 나만의 색깔로 꾸며 나가자.

이 책이 완성되면, 그 이야기들이 희곡과 시나리오로 이어질 것이다.

지금 이 글을 쓰고 있는 이 순간에도 나는, 나 아닌 나를 벗고, 진짜 '나로소이다'가 되는 길을 걷고 있다.

3. 시민연극에서 직장인 연극단까지

"비전공자여도 진짜 무대를 만들 수 있다."

한 문장 미션
• 내가 도전했던 비전공 영역은 무엇이었나? •

대학로 연극 무대 도전

■ 내가 진짜 원하는 것이 뭔지, 그 무대에서 알았다

2007년 어느 날, 새벽기도를 마치고 집으로 돌아오던 길이었다. 그날따라 하늘이 유난히 푸르고 맑았던 기억이 난다. 그때, 집 앞 상가 건물에 걸린 작은 현수막이 눈에 들어왔다.

-시민 연극교실 모집-

순간, 가슴이 철렁 내려앉는 느낌이었다.

"이거다!" 이유도, 망설임도 없었다. 그냥, '이건 내 거다'라는 직감이었다. 나는 바로 전화를 걸었고, 오디션을 봤다.

그 작은 공간은 교회였고, 목사님이 직접 연출을 맡고 있었다. 김향 집사님이라는 분이 주연배우를 맡았고, 나는 그렇게 연극 〈포도농장〉의 '돈아내' 역으로 참여하게 되었다. 돈벌리의 아내. 중간에 죽는 역할이었지만, 태어나 처음, 그렇게 무대 위에서 '죽어본' 건 처음이었다.

그 시절 나는 일산에서 학원 전임강사로 강의를 하고 있었고, 스케줄은 숨 돌릴 틈 없이 꽉 차 있었다. 연습은 오직 주말. 주말은 오롯이 연극이었다.

그렇게 6개월 동안 기초 발성부터 대본 리딩, 매 씬의 감정선까지, 하나하나 배워가며 준비했다.

공연은 일산 호수공원 안 야외공연장에서 이틀 동안 진행되었다. 내가 강의하던 학원에 포스터도 붙였고, 제자들과 그 가족들이 관람하러 와서 박수도 쳐주었다. 나는 그 무대에서 진짜 살아 있는 나를 느꼈다.

말로 설명하기 어려운 전율. 아드레날린. 심장이 쿵쿵 뛰었다.

"이거다…! 유레카!"

내가 정말 하고 싶은 것, 내가 정말 잘 할 수 있는 것—그게 바로 무대 위의 나라는 걸 그날 나는 처음 알았다.

그런데 공연이 끝나고 현실로 돌아오자 연극을 계속 할 수 있을까, 하는 마음이 들었다. 일은 계속 많았고, 꿈은 다시 서랍 속에 넣어두는 버릇이 있었다. 그러던 어느 날, 내가 교사로 섬기던 교회에서 목사님이 조용히 말씀하셨다.

"우리 교회에 연극팀 하나 만들어보는 건 어때요?"

그 말 한마디가, 다시 심장에 불을 지폈다. 나는 연극팀을 만들었고, 벧엘교회에서 크리스마스 연극을 올릴 때 작가 겸 연출로 섰다. 너무나 감사한 기회였다. 그리고 그 연극을 계기로 나는 다시 무대로 돌아가기 시작했다.

4. 개그맨 시험의 쓴웃음

"떨어졌지만, 멈추지 않았다."

한 문장 미션
• 가장 용기냈던 도전 하나를 적어보자 •

개그 동아리 활동기

■ 아버지의 꿈을 따라, 내 안의 꿈을 깨우다

2010년은 나에게 또 다른 방황의 해였다.

그해는 사랑하는 아버지가 세상을 떠난 다음 해였다. 2009년 12월, 아버지가 하늘나라로 가셨다. 아버지는 내게 든든한 존재였다. 멀리 일산에서 부산에 계신 아버지에게 전화를 하면, 한 시간 넘게 통화를 하며 내 힘든 마음을 다 들어주셨다.

항상 조용히, 그러나 단단하게 나를 붙들어 주셨던 분. 그런 아버지가 갑자기 세상에 안 계시게 되니, 내 안의 중심이 무너지는 기분이었다.

그러나 동시에 아버지의 부재는 나에게 '진짜 나'를 마주할 기회를 열어주기도 했다. 이상하게도 아버지가 돌아가신 후에야 알게 된 사실이 있었다.

아버지의 어린 시절 꿈이 연예인이었고, 가수와 배우를 꿈꾸셨다는 것.

그런데 내가 연극을 하고 싶다고 말할 때면, 아버지는 늘 조용히 "하지 마라"라고만 하셨다.

"왜요?"라고 물으면 이유는 말하지 않으셨고, 대신 단호하지도 않으셨다. 지금 생각해보면, 아버지는 내 고집을 꺾을 수 없다는 걸 아셨던 듯하다.

2010년, 나는 도저히 일을 계속할 수 없었다. 무기력했다. 일에 지쳤고, 삶에 답이 보이지 않았다.

결국 7년이나 다닌 학원도 그만두었다. 자유롭고 싶었다. 그리고 다시, 내가 진짜 잘하는 일이 무엇인지 찾아보고 싶었다. 어릴 적 꿈에 다시 도전하고 싶다는 충동이 스멀스멀 올라왔다. 그래서 2007년 연극했던 기억을 떠올리며 다시 무대로 나아갔다.

직장인 극단에 들어갔고, 동시에 일산 백석동에서 개그 동아리 활동도 시작했다.

그곳에서 만난 동생들과 함께 '방송사 개그맨 시험' 준비를 했다. '진국스타일'이라는 이름으로 콩트를 짜고, 연습하고, 무대에도 올랐다. 멤버는 다양했다. 갓 고등학교를 졸업한 20살 대학생 두 명, 액션 단역 배우 출신이자 마사지샵을 운영하는 애기 아빠, 지적인 여동생, 그리고 맏언니인 나.

결론은, 모두 떨어졌다. MBC 개그맨 시험도, SBS 공채도.

그때 알았다. 개그맨이 되는 길은 정말 힘난하다는 걸. 특히 나처럼 30대에 도전하는 건 더욱더. 개그맨 김병만이 7전 8기로 합격했다는 말이 뼈저리게 와닿았다.

누구는 한 번에 붙기도 하지만, 그건 어디까지나 '누구' 이야기일 뿐이었다. 그래도 후회는 없었다. 도전했기에 미련이 남지 않았다. 오히려 도전하면서 나의 재능을 다시 발견했고, 어떤 방향으로 에너지를 써야 하는지도 조금은 감이 왔다.

그때, 개그 동아리에서 함께 활동하던 SBS 공채 개그맨이 내게 이런 말을 했다.

"누나는 개그보다 정극을 하셔야 해요."

그때 난 '정극'이라는 말을 처음 들었다. 뭔지 몰라서 물어봤더니, 연극이고 배우라는 뜻이란다. 그래서 결심했다. 이젠 진짜 대학로로 가야겠다.

바로 인터넷에서 극단 배우 모집 공고를 찾아 무작정 지원했다. 오디션에 붙는 곳이면 어디든 갔다. 바닥부터 배우겠다는 각오로. 그렇게 해서 직장인 극단 사람들에게 "안녕"을 외치고, 진짜 연기의 길에 발을 들였다. 물론 직장인 극단에서의 시간은 나에게 너무나 값진 연습과 경력이었다. 그 무대 경험 덕분에 대학로에 입성할 수 있었다.

이제 개그맨 도전기는 자연스럽게 대학로의 연극 무대, 그리고 나의 연기 활동 이야기로 이어진다.

개그맨 시험 도전기

■ 무대 위의 30살, 기생충으로 웃기다

2008년, 나는 서른 살이었다. 그리고 내 머리는 '개털 사건' 이후 과감한 숏커트 상태였다. 그 헤어스타일 그대로, 대학로 웃찾사 극장으로 향했다.

내 생애 첫 개그맨 시험이었다. 서류를 통과한 것만으로도 감사했다.

문제는… 꽁트를 어떻게 짜야 할지 전혀 몰랐다는 것.

나는 과학강사였고, 책을 좋아하는 사람이었다. 그해 인상 깊게 읽은 책은 『기생충 제국』과 『인체 기행』. 거기서 아이디어를 얻었다.

"그래, 과학으로 웃겨보자!"

기생충과 인체를 주제로 꽁트를 짰다. 사실 대본도 없었다. 머릿속에만 그림을 그리고, 그냥 무대에서 즉흥으로 했다.

오디션 당일. 가슴은 쿵쾅, 손엔 땀이 줄줄.

조명이 켜지고 내 이름이 불렸다. 무대로 걸어 나갔다. 심사위원들은 5~6명쯤. 개그맨, 작가, 피디… 그 얼굴들이 흐릿하면서도 지금도 선명하다.

자기소개 후, 꽁트 시작.

드라마 'M' 주제가 앞부분을 "아아아~" 부르며 등장. '그것이 알고싶다' 버전의 사회자를 따라 하며 기생충이 몸속에 들어갔다가 나오는 걸 직접 몸으로 표현했다.

그러나… 준비한 것의 4분의 1도 안 보여줬는데 "그만!"

그리고 장기자랑을 해보란다. 당황스러웠지만 평소 즐겨 부르던 드라마 '청춘의 덫' 주제가를 불렀다. 그런데 가사를 틀렸다.

"그만."

끝났다.

무대 아래로 내려왔다.

긴장이 풀린다기보단, 당황스러웠다. 하지만 이상하게 기분이 나쁘지 않았다. 스릴 있었다. 롤러코스터 한 바퀴 돌고 내려온 것 같았다. 내가 뭔가 도전했다는 사실이 너무 뿌듯했다.

그리고 다음엔 KBS 공채 개그맨 시험에 도전했다.

이번엔 동생을 섭외해 보조로 세웠다. 여전히 과학 꽁트. 지금 생각하면 정말 난해한 소재였다. 그날, 대기실에서 개그우먼 오나미 씨가 와서 우리를 안내해줬다.

와! 진짜 연예인을 이렇게 가까이서 보다니. 그게 제일 신났던 기억이다.

당연히 이번에도 떨어졌다. 하지만 첫 도전 때보다는 조금 나아진 내 모습이 있었다. 무엇보다 느낀 건, 개그맨 시험은 그야말로 전쟁이었다.

나이 제한은 없다고 해도, 현실적으로 30대 도전자에겐 쉽지 않았다. 그날 대기실엔 기괴한 분장, 희한한 복장, 팀으로 꽁트를 준비한 이들… 정말 치열했다.

당시 나는 학원 전임강사였다. 3차 시험까지 올라가게 되면 결근을 해야 했다. 그것도 부담이었다. 그러나 그 경험은, 내게 너무나 소중한 간접 체험이었다.

예능이라는 것도, 결국 입시만큼이나 철저한 준비가 필요하다는 걸 알았다. 그냥 끼 하나로 되는 게 아니었다. '한 방'이 있어야 했다. 누구나 웃기는 사람이 되는 건 아니니까.

나는 결국 개그맨 시험에 붙진 못했지만, 그 도전의 과정에서 나를 새롭게 발견했다. 내가 가진 평범한 얼굴, 개인기도 없고 특출나 보이지 않던 외모 속에서 '연기'라는 또 하나의 가능성을 찾았다.

개그는 아니었지만, 연극과 영화, CF 무대 위에서 나는 점점 내 재능을 펼치기 시작했다. 개그맨이 되지는 못했지만, 그 길을 향해 달리던 모든 순간은 결코 땅에 떨어지지 않았다.

모두, 지금의 나를 만든 소중한 뿌리였다.

5.
일일쇼호스 오디션 통과 후 CJ오쇼핑 광고 최다출연자 되다!

"꼭 잘 하려고 하지 않아도 할 수 있다!"

한 문장 미션
• 불가능하다고 생각한 것을 했던 경험이 있다면 무엇인가? •

MC가 되다 - 웃음을 전하는 또 하나의 무대

어릴 적, 내 꿈은 개그우먼이었다. TV 속 개그우먼들이 MC로 활약하는 모습을 보며 나도 언젠가 마이크를 잡고 무대 위에서 관객들과 호흡하고 싶다는 꿈을 품었다. 그리고 시간이 흘러, 나는 뜻밖의 기회 속에서 그 꿈을 조금씩 현실로 옮기기 시작했다.

개그우먼의 꿈을 잠시 접고 엔터테인먼트 세계를 탐색하던 시절, 나는 OO가수의 매니저로 활동했다. 그때 재능기부의 일환으로 미혼모 시설에서 작은 콘서트를 열게 되었고, 나는 MC 겸 레크리에이션 진행을 맡게 되었다.

그때 내겐 웃음치료사와 레크리에이션 자격증이 있었기에 가능했던 일이었다.

이 자격증들 역시 우연한 만남에서 시작되었다. 매니저 일을 하며 알게 된 포크 가수 언니와의 대화 중, 내 관심사를 이야기하던 중 그분이 자격증 정보를 알려주셨고, 나는 곧바로 서울역에 있는 한국웃음치료협회에서 2일간의 집중 교육을 받았다. 그렇게 따낸 자격증만 무려 4개였다.

러빙콘서트 - 진심이 전해지는 순간

그 콘서트 무대에서 나는 처음으로 마이크를 들고 떨리는 마음으로 섰다. 내가 제일 잘하는 '박장대소'를 앞세워 분위기를 이끌었다. 사람들은 나의 표정과 과장된 몸짓에 웃음을 터뜨렸고, 나는 "웃기 힘드실 땐 제 얼굴을 보세요!"라고 외치며 다시 한 번 웃음을 유도했다.

관객은 많지 않았지만, 그 자리에 있는 미혼모들과 아이들을 바라보며 내 속은 먹먹했다. 쉽지 않은 선택과 현실 속에서도 꿋꿋하게 아이를 품고 살아가는 그들의 삶은 결코 가볍지 않았고, 나는 그저 오늘만큼은 그들의 얼굴에 웃음이 번지기를 바랐다.

무대에서는 체면을 버리고 온전히 '망가져' 보였다.

공연이 끝난 후, 우리는 근처 식당에서 함께 저녁을 먹었다. 갓난아기부터 유치원을 졸업할 나이의 아이들까지 함께한 그 자리.

나는 문득 생각했다. '혹시 이 아이들 중에도 나처럼 무대에 서고 싶어하는 아이가 있지 않을까?' 그래서 더 진심으로, 더 웃으며, 사명감을 갖고 무대에 섰던 것 같다.

쇼케이스 - 진짜 무대를 향한 설렘

그 후 나는 OO가수의 쇼케이스에도 MC로 섰다. '수요공감무대'라는 공연에서 진행된 이 쇼케이스는 마치 KBS 열린음악회의 아나운서가 된 듯한 기분을 주었다. 무대 위에서 관객 인터뷰를 진행하던 중, 한 남성 관객이 나를 이상형이라고 말한 순간이 있었다. 예상치 못한 고백에 당황한 나의 표정은 아마도 그대로 방송되었을 것이다.

그때 나는 "아, 이런 스타일을 좋아하는 분들도 계시는구나!"라는 깨달음을 얻었다. 물론 그분이 내 스타일은 아니었지만, 지금 생각하면 연락처라도 받아둘 걸 그랬다 싶다. 어쨌든 이 무대는 성황리에 마무리되었고, 나는 꽃다발까지 받으며 MC로서의 또 다른 경험을 쌓았다.

처음 무대였기에 말도 빨라지고, 발음도 부족했지만, 그 모든 것이 나에겐 귀한 배움이었다. 그리고 나는 알게 되었다. 나이가 들수록 무대에 서는 두려움이 줄고, 오히려 여유와 깊이가 생긴다는 것을. 그래서 나는 나이 드는 것이 무대 위에서의 또 다른 '장점'이 될 수 있다고 믿게 되었다.

마이크를 잡는다는 것

MC는 단순한 사회자가 아니었다. 웃음과 에너지를 나누고, 누군가의 삶에 잠시나마 환한 빛을 전하는 사람. 나는 그걸 무대 위에서 직접 느꼈다.

앞으로 또다시 MC의 기회가 찾아온다면, 나는 그날보다 더 편안하고 진심 어린 모습으로 관객을 맞이할 것이다. 내가 가진 삶의 이야기와 웃음, 그것이 바로 내 무대의 힘이니까.

＃ 쇼핑호스트의 꿈을 이루다 (2012년 여름)

어릴 적부터 나는 쇼핑호스트 꿈도 꾸었다.

생선 장사를 하시던 부모님의 영향이 컸다. 아버지를 따라 부산 수산시장의 새벽 경매에 가곤 했는데, 그때 생선이 경매되는 장면을 보는 게 너무 신기하고 재미있었다. 장사에 대한 두려움도 없었고, 말로 무언가를 전달하고 설득하는 일에 흥미가 있었다.

그 꿈을 현실로 만들 기회가 2012년 여름, CJ 오쇼핑의 '일일 쇼호스트' 오디션을 통해 찾아왔다.

일반인을 대상으로 한 오디션이었고, 최종 선발되면 일주일에 한 번씩 생방송으로 방송에 출연하게 되는 기회였다.

나는 지원했고, 며칠 뒤 모르는 번호로 전화가 왔다.

CJ의 담당 피디님이었다.

면접과 자유 연기, 꽁트까지… 내가 할 수 있는 건 다 보여드렸다.

연기나 개그를 제대로 배운 적은 없지만, 무대 위에서는 이상하게 집중이 잘 되고 몰입할 수 있었다. 피디님은 나를 "신선하다"고 평해주셨고, "연극배우 박정자 선생님 같다"고 극찬해주셨다. 그리고 나는 마침내 '단독 생방송 진행자'로 합격했다!

제품은 '조끼아워'라는 일본산 맥주 거품 제조기였다. 맥주를 부은 뒤 컵의 레버를 누르면 진동으로 거품이 만들어지는 신기한 컵이었다. 나는 제품에 대해 철저히 조사했고, 여름철 피로를 맥주 한 잔으로 날리는 콘셉트로 대본을 직접 써서 준비했다. 대본에 뮤지컬 〈지킬 앤 하이드〉의 '지금 이 순간'을 넣기도 했다. 무대에 설 수 있다는 것만으로도 나는 감격했고, 방송 전날 밤에는 감동의 눈물도 흘렸다.

생방송 당일, 욕조 소품에서 등장해 샤워 후 맥주를 마시는 장면으로 시작했다. 구수한 사투리로 제품을 소개하고, 실험도 하고, 노래도 부르며 방송을 이끌어갔다.

결과적으로는 제품을 한 개도 팔지 못했지만, 내게는 그보다 더 큰 수확이 있었다. 나는 진심을 다했고, 방송 후 많은 사람들에게 "재밌다"는 반응을 받았다. 그 자체로 충분히 값진 경험이었다.

무엇보다 나의 가능성을 알아봐 준 피디님과 또 2년 뒤 다시 연락을 주신 조연출님 덕분에 나는 다시 '계속 도전해도 된다'는 확신을 얻었다.

CJ오쇼핑과의 인연은 내 인생의 중요한 전환점 중 하나다.

생생정보 리포터가 되다

그 후에도 나는 계속 도전했다.

필름 메이커스라는 커뮤니티에 프로필을 올려두고, 내가 할 수 있을 것 같은 오디션에는 꾸준히 지원했다. 그러던 중 방송아카데미에서 실습작품으로 진행하는 〈생생정보〉 스타일의 리포터 모집 공고를 발견했다.

나는 망설이지 않고 지원했고, 감사하게도 연락이 왔다.

촬영은 어느 원룸 자취방에서 하루 종일 진행되었는데, 그 자취방이 바로

PD의 자취방이었다. 자취방 싱크대에서 곰팡이 제거제를 만들고, 시어머니 목소리로 상황극도 하며, 땀 흘리며 열심히 촬영했다.

현장에서는 간식도 나눠 먹고 서로의 서툰 연기에 웃으며 정겹게 촬영을 이어갔다. 며칠 후, 스튜디오 촬영까지 이어졌다.

나는 아나운서 지망생들과 함께 스튜디오 세트에서 실제 방송처럼 VCR을 보고 나레이션을 넣었다. 여러 번 NG도 났지만, 결국 잘 마무리했다.

이 경험은 리포터라는 직업에 대한 이해를 넓혀 주었고, 어린 시절 아침마다 TV에서 보던 리포터들의 모습이 다시금 떠올랐다.

실제로 리포터로 활동 중인 분들과도 이야기를 나눴다. 그들은 모두 한결같이 '리포터는 사명감을 가지고 해야 한다'고 말했다. 수익보다 성실함과 꾸준함이 더 중요한 직업이라는 점에서, 나는 그 말에 깊이 공감했다.

단지 TV에 나오는 직업이 아니라, 진심을 전하고 정보를 알리는 '진짜 사람'이 되어야 하는 일이었다.

이처럼 쇼핑호스트, MC, 리포터 등 다양한 무대에서 도전했던 시간들은 나에게 큰 자산이 되었다.

재능을 확인받은 순간도, 좌절했던 순간도, 모두 지금의 나를 이루는 뜨거운 재료들이다. 그리고 그때마다 도전할 수 있었던 건, 내 안의 '진짜 나'를 믿으려는 노력이 있었기 때문이다.

\# 모든 것을 내려놓았을 때 찾아온 생애 첫 광고

- CF 모델(2014~)

2014년 1월 3일, 나는 그날을 잊을 수 없다. 태어나서 처음으로 CF를 찍는 날이었다. 그것도 아버지께서 세탁기 돌릴 때마다 꼭 넣으라고 하셨던, 우리 집 단골 세제 '옥시크린' 광고였다.

어릴 적부터 귀에 익었던 그 광고의 말미엔 언제나 이렇게 외쳤다.

"빨래 끝!!!"

광고 촬영은 모든 게 처음이었다.

분장실에서 헤어와 메이크업을 마치고, 실장님과 나란히 거울을 보며 설레는 마음을 나눴다.

첫 현장임에도 친절하고 따뜻한 분위기 덕에 마음이 편해졌다. 좋은 첫인상이 남았던 이유다.

내가 맡은 장면은 바로 '흰 수건 손빨래'였다. 노랗게 변색된 수건이나 행주도 옥시크린을 쓰면 하얗게 된다는 내용이었다. 감독님은 강조할 대사를 지정해 주셨다.

"하얗게 되었다!" 그리고 덧붙이셨다.

"진국 씨, 사투리로 해도 좋아요."

그 말에 힘입어, 나는 자연스럽게 경상도 사투리로 대사를 치기 시작했다.

촬영 당시, 내가 입은 레깅스가 살짝 짧아서 옆구리 살이 살짝 튀어나왔다. 다행히 속에 입은 살색 러닝 덕분에 큰 문제는 없었다.

세면대야를 앞에 두고 목욕의자에 앉아 손빨래를 시작했는데, 감독님이 다시 주문을 하셨다.

"너무 연기자 같아요. 조금만 더 자연스럽게요."

나는 그 말에 억척스러운 주부가 된 듯 감정에 몰입했고, 긴장 탓에 말이 빨라 몇 번 다시 찍기도 했지만, 스태프들의 웃음 덕분에 현장은 곧 활기로 가득 찼다. 그리고 결국 칭찬까지 받게 되었다.

정말 기분이 구름 위를 걷는 것처럼 좋았다.

그날, 나는 광고가 어떻게 만들어지는지 처음으로 경험했고, 촬영장의 열정과 유쾌함을 몸으로 느꼈다. 무엇보다도, 영화 '해무' 캐스팅 불발로 위축됐던 내 마음을 단숨에 회복시켜주는 기회가 되었다.

"나, 아직 괜찮아. 나는 아직 가능성이 있어."

그 믿음을 되찾는 순간이었다. 광고는 실제로 한 달 후 TV에서 방영되었고, 특히 EBS 같은 주부 타깃 채널에서 자주 나왔다. 원래 6개월 방영 예정이었지만 인기가 좋아 9개월, 1년까지 연장되었다.

내가 TV에 나오는 것이 꿈이었는데, 그 꿈이 현실이 되니 얼마나 신기하고 감사했던지. 학원에선 아이들이 "선생님 TV에 나왔다!"며 자랑했고, 블로그에 광고 영상을 올려 달라는 요청도 쇄도했다. 제자들 중 어떤 아이는 아버지가 광고회사에 다닌다며 나를 추천하겠다고 말하기도 했다. 귀여운 응원들이었다.

광고는 단순한 출연이 아니었다. 내 가능성을 확인한 첫 경험이자, 내가 누군가에게 희망과 재미가 될 수 있다는 자신감의 시작이었다. 그리고 그 후 나는 단역 모델에서 CJ 오쇼핑 자체 제작 광고 3편의 단독 주연 모델로 활동하게 되었고, 스마트밴드 브랜드 '오클락' 광고와 바이럴 영상도 찍었다.

모델료도 올라갔다. 정말, 대박이었다.

이후에 2016년에는 3차까지 오디션을 통과한 후에 배우 마동석이 주연인 동서식품의 핫초코 미떼 광고도 찍었었다.

함께 출연한 조연 배우님들 중에는 〈기생충〉 영화로 '아카데미 시상식'까지 간 배우님도 함께 있었다. 그때의 인연으로 나중에 축하 연락을 따로 했었는데 기억해주셔서 고마웠다. 이렇게 참 사람의 인생은 한 치 앞도 모르는 것이다. 인내하면서 한 길을 걸어온 배우님이 잘 되신 모습이 참 보기 좋았다. 최근 드라마 〈폭싹 속았수다〉에도 나오셨는데 내적 친밀감도 높아지면서 너무 기쁘고 좋았다.

생애 처음으로 러브콜 받고, 납량특집 생방송 찍다!

"처녀귀신 역할도 웃기게 소화하는 나, 방송국에서도 빛나다"

2014년 8월 어느 날, 모르는 번호로 전화가 걸려왔다.

받자마자 들리는 익숙한 말투, CJ오쇼핑이었다. 그런데 이번엔 평소와 다른 분이었다. 피디님이 직접, 나에게 캐스팅 제안을 하셨다.

귀를 의심했다. 내가 방송에?

내용은 이랬다.

여름 납량특집 생방송에서 '처녀귀신'이 쇼핑 방송 중 스튜디오에 깜짝 등장하는 콘셉트였다.

나를 추천한 사람이 있다고 했다. 순간, 몇 달 전 내가 촬영했던 광고가 CJ오쇼핑을 통해 자주 방송되었던 게 떠올랐다. 아마 그걸 보신 분이 나의 '강렬한 표정'과 '애드립'을 기억하셨던 모양이다.

시간은 밤 생방송이라 강의와도 겹치지 않았고, 피디님도 무척 반가워하셨다. 그리고 나는, 설렘 반 긴장 반으로 수락했다.

생방송 날, 혹시라도 지각할까봐 CJ홈쇼핑 본사에 미리 도착했다. 분장실에서 인사를 드리고, 오늘 귀신 역할을 맡았다고 했더니 다들 흥미진진해하셨다. 나는 이 날의 변신 과정을 기억에 남기고 싶어서, 분장 전후 사진도 따로 찍어두었다.

하얀 소복, 긴 생머리 가발, 창백한 분장. 완벽한 처녀귀신의 모습이 완성되었다. 복도와 계단을 오가면서 여러 명이 깜짝 놀라 뛰쳐나가는 걸 보니, 내 모습이 꽤나 '제대로'였던 것 같다.

스튜디오에 들어가기 전, 짧은 꽁트 영상도 촬영했다. 유명한 화장실 귀신 패러디였다.

"내 끄야~ 란제리, 내 끄야~" 하며 이민웅 쇼호스트에게 파란 거 줄까, 빨간 거 줄까… 하고 웃음을 유도했다.

지금도 그 영상이 남아 있으면 좋겠지만, FNL은 생방송이라 자료가 남아 있지 않아 아쉽다.

생방송 중에는 카메라 아래에 숨어 있다가 슬금슬금 얼굴을 내밀기도 하고, 스튜디오 안을 유령처럼 떠돌며 카메라 정면에서 '썩은 미소'를 날리기도 했다.

클로즈업 장면에선 눈빛으로 압도했고, 전진 동작을 하면서 순간순간 "미끄러지면 어쩌지?" 하는 긴장도 있었다. 하지만 무사히, 그리고 무섭게(!) 잘 해냈다.

특히 기억에 남는 순간이 있다.

무대감독님이 카메라감독님의 어깨에 내가 '업혀 있는' 장면을 연출하자고 했다.

나는 의자에 살짝 올라타 감독님의 어깨에 팔을 얹었다. 화면에선 진짜 귀신이 덜컥 엎혀 있는 것처럼 보였던 모양이다. 촬영감독님의 사모님이 집에서 그 장면을 보고는 "아니, 당신 왜 귀신을 업고 있어?!"라며 깜짝 전화까지 하셨다니!

그렇게 70분의 생방송이 지나갔고, 그 회차는 FNL 역사상 가장 많은 주문량을 기록했다. 물론 내가 직접 판매한 건 아니지만, 그래도 '내가 나온 회차에서 더 잘 팔렸다'는 건 뿌듯한 일이었다.

중간중간 쉬는 시간엔 PD님들과 이런저런 이야기를 나눴다. 내가 대치동에서 과학강사로 일하고 있다고 하니까 다들 놀라셨다.

한 PD님은 "다음에 과학책 판매할 때 쇼호스트로 나와야겠네요!" 하셨지만, 아쉽게도 그 분야는 다른 팀 소속이라 성사되진 않았다.

방송이 끝나고, 친절하게 콜택시까지 불러주셔서 편하게 집에 돌아왔다.

무엇보다 감동했던 건, 이곳 분들의 일하는 분위기였다.

여유롭고 따뜻하고, 가족 같은 분위기. 물론 실무자들은 엄청난 긴장감과 부담 속에서 일하시겠지만, 그날 나를 맞아준 현장은 정말 따뜻했다.

그리고 깜짝 놀랐던 일 하나 더!

생방송 후 며칠 지나 부산에 계신 막내이모에게 전화가 왔다.

TV를 보다가 귀신 분장을 한 내가 나오는 걸 보셨다는 거다!

하도 익숙한 목소리여서 가만히 들여다보니 진짜 내가 맞았단다. 그날 가족들에게 알리지도 않았는데… 방송의 힘이란 정말 놀랍다.

나는 이렇게 생애 첫 '연기 러브콜'을 받고 방송국에서 처녀귀신이 되었다. 그날 밤, 나는 무서운 귀신이었지만 동시에 너무나 신이 난 '나'였다.

6.
○○현주 오프닝 작가 경험

"내가 쓴 글이 누군가의 하루를 연다."

한 문장 미션
• 누군가를 위한 오프닝 멘트를 3줄 써보자 •

라디오 오프닝을 쓰다 - "마이크 너머의 언어를 배운 시간"

CTS 라디오 방송에 출연 중이던 '동방현주' 님의 오프닝 멘트를 쓰는 작업을 맡게 되었을 때, 나는 무척 설레었다. 라디오의 꽃, 바로 오프닝. 그 따뜻하고도 감성적인 한 줄, 그 첫마디가 청취자의 하루를 결정짓기도 한다.

사실 나는 오랫동안 라디오를 들으면서, DJ들이 오프닝 멘트를 그 자리에서 즉흥적으로 말하는 줄만 알았다. 너무 자연스럽고 매끄럽게 들렸기 때문이다.

그런데 알고 보니, 모든 말은 대본 위에서 춤을 추고 있었다. 경력이 오래된 DJ일수록 대본을 자기 말처럼 녹여내는 기술이 정말 뛰어났고, 그게 바로

'라디오의 노하우'라는 것도 처음 알게 되었다.

이 작업을 하면서 나는 노홍철, 김신영 같은 방송인들의 특성과 말투를 분석했다. 그들에게 어울리는 언어, 그들의 리듬에 맞는 말, 입에 착착 붙는 오프닝 멘트를 고민하고 또 써 내려갔다.

그 과정 속에서 김○○ 작가님의 한 마디 한 마디는 내게 진심 어린 격려가 되었고, 나도 몰랐던 내 안의 능력을 톡톡 깨우는 기회가 되었다.

그때 함께했던 작가 언니들, 지금은 연락은 못하지만, SBS 방송국 앞에서 조스떡볶이를 함께 먹으며 나눈 대화들이 아직도 마음 한구석에 따뜻하게 남아 있다. 그분들이 지금도 방송계에서 묵묵하게, 혹은 열정적으로 활약하는 모습을 보면 속으로 늘 응원하고 있다.

그 후로 나는 그 배움을 바탕으로 내가 직접 프로그램을 기획하고, 기획서도 쓰고, 작은 방송을 만들어보는 도전도 했다.

그리고 그 열정은 또 다른 글쓰기 모임으로 이어져, 잡지를 함께 만들고 출간하는 경험으로도 연결되었다.

'방송작가 체험'은 단순한 글쓰기 훈련이 아니었다. 마이크 너머로 사람들과 연결되는 법, 그들에게 말을 건네는 법, 그리고 내 안의 목소리를 꺼내는 법을 배운 시간이었다.

"크리스천 방송작가의 꿈 그리고 잃어버린 글들"

방송작가(2013)의 길. 나는 늘 다양한 도전을 하며 살아왔다. 그 중에 작가라는 직업, 특히 방송작가에 대한 경험도 해 보고 싶었다. 그래서 크리스천 방송 작가 양성 아카데미에 등록했고, 3개월 동안 방송 프로그램이 어떻게 만들어지는지, 작가들이 어떤 일을 하는지 보고 배우는 시간을 가졌다.

무엇보다도 CTS 방송국에서 '동방현주' 집사님이 진행하시는 〈찬양의 숲〉이라는 라디오 프로그램에 내가 직접 쓴 오프닝 멘트가 몇 달간 실제로 방송에 나갔다. 그날의 감동은 아직도 생생하다. 내가 쓴 글을 집사님이 직접 읽어주시는 그 순간, 정말 벅차고 신기했다.

기독교 방송이었기에, 하나님의 말씀을 기반으로 찬양과 어우러지는 글을 쓰려고 애썼다. 지금은 아쉽게도 그때 써두었던 어마어마한 분량의 원고 파일들이 컴퓨터 실수로 모두 날아가 버렸다. 아직도 그때 생각하면 마음이 아리지만, 그래도 내 안에 남아 있는 그때의 경험과 감정들은 잊을 수 없다.

이 아카데미 과정에서는 실제 CBS 방송국에도 가서 작가님들이 방송을 준비하는 모습을 가까이에서 지켜보며 정말 많은 것을 배웠다. 또한 현장 학습으로 인천 차이나타운에 가서 체험도 하고, 구경도 하고, 자료도 수집했다. 이 경험을 바탕으로 나는 먹방 다큐멘터리 프로그램을 기획했다.

나의 소소한 취향, 즉 먹는 걸 좋아하는 나의 모습이 그 기획안 곳곳에 묻어 있었다.

기억에 남는 순간들이 많다. 추운 날씨 속에서 외국인이 만들어주던 설탕타래, 그때는 사먹지 않았지만, 지금 생각하면 그 따뜻한 장면이 그립다. 중국집에 들어가서 짜장면과 탕수육을 먹었던 기억도 선명하다. 그 맛이 뭔가 달랐고, 분위기 역시 남달랐다. 사진도 많이 찍었지만, 그만 바이러스로 컴퓨터 파일을 잃어버렸다. 그래도 내 마음속에는 그때의 사진들이 그림처럼 남아 있다.

차이나타운의 구석구석, 일제강점기 때 지어진 건물들, 그리고 항구에 들어오는 뱃고동 소리까지. 부산에서 어릴 적 듣던 그 소리와 닮아 있어 왠지 모르게 따뜻하고 친근했다.

나는 어릴 때 자주 옥상에 올라가 하늘을 멍하니 바라보던 아이였다. 맑은 하늘 아래, 어느 순간 귀에 맴돌던 그 뱃고동 소리가 지금도 기억난다.

이 모든 경험을 통해 알게 되었다. 작가가 된다는 건, 다양한 세상을 보고, 듣고, 느끼고, 체험하는 일이라는 것. 그리고 그 경험을 바탕으로 누군가에게 힘이 되고, 감동을 주는 메시지를 구성해 전달하는 일.

만약 내가 방송작가로서 좋은 방송을 만들고, 많은 사람에게 전하고 싶은 소신이 있다면, 그건 분명 가치 있는 일이 될 것이다.

"1분 영상, 그 애틋한 감성의 시작"

나는 또 1분짜리 영상을 구성해 보았다. 지금 다시 그때 내가 떠올렸던 구성안을 들여다 보니 참 애틋한 생각이 든다. 그 시절의 감성, 내 안에 여전히 살아있구나 하는 느낌이 든다.

지금 이 구성안으로 다시 영상을 만들어본다면 하나의 초단편영화가 탄생할 수 있을 것같다는 생각이 든다. 짧지만 강렬한 이야기, 소소하지만 마음을 움직일 수 있는 그런 영상 말이다.

그리고 구성작가 아카데미 수업을 들었던 때가 1월, 그 시기여서 나는 자연스럽게 설날 특집 방송 기획안도 만들어 보았다.

매년 명절이면 방송국에서 다양한 파일럿 프로그램을 준비하듯이, 나도 그 시절, 온 가족이 함께 보면서 공감할 수 있는 프로그램을 상상하며 구성해 봤다.

누군가는 지나가는 생각으로 흘려보냈을지도 모르지만 나는 그것들을 붙잡고, 글로, 이야기로, 영상으로 꺼내놓는 사람이었다. 그게 바로 나였다.

♯ 설날 특집 기획 아이디어: "함께 산다는 것 - 다문화가정 이야기"

요즘 들어 많은 관심을 받고 있는 주제 중 하나가 바로 '다문화가정'이다.

나 역시 최근에 영화 〈몽당분교 올림픽〉 오디션을 봤는데, 그 작품 또한 다문화가정을 다룬 따뜻한 휴먼 드라마였다.

그때 느꼈다. 정말 필요한 이야기구나.

사람들이 종종 나에게 말하곤 한다.

"외국인들과 잘 어울리시네요."

처음엔 그냥 웃어 넘겼지만, 가만히 생각해보니 나도 모르게 편견 없이 다가가는 태도가 있었던 것 같다.

사람 일은 정말 모르는 것, 언젠가 나 또한 외국인과 결혼하게 된다면 나도 다문화가정의 일원이 되는 것이다. 그래서 더더욱 이 주제가 남의 일이 아니고, 멀리 있는 이야기가 아니라는 생각이 들었다.

'더불어 사는 사회', '다름을 존중하는 문화', 이것이야말로 지금 시대에 가장 필요한 메시지라고 느껴 설날 특집 방송 기획안으로 다문화에 포커스를 맞춰보았다.

설날이라는 온 가족이 모이는 따뜻한 시간, 다문화가정의 진짜 이야기, 희망과 감동, 갈등과 성장의 순간들을 함께 나누는 그런 프로그램이 있다면 세대와 문화를 넘어 진심으로 공감하고 웃고 울 수 있는 방송이 되지 않을까?

진심으로, 정말 이런 프로그램이 나오면 좋겠다.

그 안에서 다름은 경계가 아닌, 또 다른 풍요로움의 시작이라는 것을 함께 느껴보고 싶다.

♯ 라디오 기획안: "웃으면서 듣는 힐링상담소"

"진지할 수밖에 없는 이야기, 그러나 웃으면서 들을 수 있다면"

■ 기획 배경

2010년대 초, 나에게도 마음 깊은 곳에 큰 빈자리가 생겼다.

아버지를 떠나보낸 지 3년째 되던 해, 나는 여전히 그리움과 회복의 시간을 지나고 있었다.

그래서인지 당시 내가 기획했던 방송 프로그램이나 사연 구성에는 내가 겪었던 치유의 시간, 경험, 진심이 자연스럽게 스며들어 있었다.

그 무렵 라디오 방송 작가 교육을 받으며 기획, 글쓰기, 대본 작성을 익히던 나는 문득 생각했다.

"이 세상엔 누군가에게 털어놓고 싶은 이야기들이 얼마나 많을까?"

"하지만 너무 무거우면, 도리어 더 힘들어질 수도 있지 않을까?"

"그렇다면 조금은 발랄한 방식으로, 그러나 진심으로 들어주는 라디오가 있다면 어떨까?"

■ 프로그램 콘셉트
- 제목: 웃으면서 듣는 힐링상담소
- 진행자: 노홍철 & 김신영, 그리고 전문 상담가 한 분
- 톤: 발랄하지만 가볍지 않게, 진지하지만 무겁지 않게
- 청취자 사연 기반: 가족 문제, 이별, 직장 스트레스, 성장통 등
- 구성 요소:
    - 사연 소개: 실제 청취자의 고민을 정성스럽게 다룬다

- 웃프다 상담소: 진행자 특유의 유쾌함으로 접근, 전문가의 따뜻한 피드백
  - 마음편지: 짧은 코너로 진행자가 사연자에게 보내는 위로의 말
  - 사연 맞춤 선곡: 음악으로 마음을 감싸주는 힐링 타임

■ 프로그램 의도

웃음과 위로는 공존할 수 있다. 너무 무거운 분위기에서 털어놓는 사연은,오히려 사연자에게 더 큰 부담이 될 수도 있다. 노홍철과 김신영처럼 유쾌한 에너지를 가진 진행자가 "진지한 이야기를 '사람 냄새' 나게 풀어가는 방식"은 지친 하루 끝에 듣는 라디오로서, 누군가에게는 밤의 친구, 또 다른 누군가에게는 새로운 하루의 작은 기적이 될 수 있다.

■ 작가의 말

그 시절, 나는 잃어버린 글을 안타까워했지만, 사실 그 글보다 더 소중한 건 내 마음속에 남아 있는 이야기들이었다.

글을 쓰고, 방송을 기획하며 내 아픔을 조금씩 치유해 나갔던 시간, 그 모든 것이 지금의 나를 만든 귀한 도전이었다. 그리고 지금도, 나는 여전히 누군가의 마음에 닿는 이야기를 쓰고 있다.

7. 단편영화 도전기

"렌즈 속 나, 처음으로 진짜 내가 보였다."

한 문장 미션
• 내가 영화로 만든다면 어떤 장르일까?

생애 첫 단편영화 찍고, 영화제까지 가다

■ 영화배우의 시작, 2012~

나는 2012년부터 영화배우로서의 여정을 시작했다. 그중에서도 액션 연기에 대한 열정이 생겨, 몸으로 표현하는 연기를 더 잘하고 싶어졌다.

그렇게 연기를 배우는 과정에서 '원진 사부님'을 만나게 되었고, 2014년 배우협회에서 주최한 친목 도모를 위한 MT에 함께 참여하게 되었다.

그날 우리는 을왕리 해수욕장으로 향했다. 바닷가에서 조개를 구워먹고, 모래사장을 배경으로 사부님과 함께 액션 연기 연습을 했다.

푸른 하늘과 바다를 배경으로 온몸을 던져가며 동작을 익히는 시간은, 정말 색다른 경험이었다.

그날의 또 다른 인상 깊은 장면은, '통아저씨'로 유명한 분과 함께 찍은 기념사진이었다. 혼자 사진을 찍으면 괜찮은데, 함께 찍을 때마다 내가 너무 커 보이는 게 문제였다. 키 차이 때문인지 단체사진에서는 꼭 내가 거인처럼 나왔다. 그래서 문득, 외국 사람들과 사진을 찍어야 그나마 균형이 맞지 않을까 하는 생각도 들었다.

이 모든 경험이 나에겐 새로운 세계였다. 바닷가에서 액션을 연습하고, 배우들과 교류하며, 영화배우라는 꿈을 하나씩 현실로 만들어가는 과정이었다. 그리고 그것이 나를 결국 영화제 무대로 이끄는 첫 걸음이 되었다.

■ 영화《해무》에 캐스팅되다 ― 그러나 촬영은 결국 못하고 왔다

나는 영화 해무에 캐스팅이 되었다. 그러나 아쉽게도 촬영에는 참여하지 못했다. 하지만 그 순간은 내게 잊을 수 없는 주문처럼 특별한 순간이었다.

왜냐하면… 바로 그 자리에서 봉준호 감독님과 악수를 했기 때문이다.

그 악수 한 번으로도 충분히 값졌다.

또한 그 현장에서 유승목 배우님과 함께 사진도 찍었다. 그날, 혼자 조용히 분장실에 앉아 있었는데, 유승목 선배님께서 조용히 다가와 말도 걸어주시고, 괜찮냐고 물어봐 주셨다. 위로도 해주시고, 좋은 말씀도 건네주시며 따뜻한 기운을 전해주셨다. 그리고 기념으로 사진도 함께 찍어주셨다. 정말 감사한 기억이다.

풋풋했던 그때의 내 모습이 사진 속에 고스란히 담겨 있다. 오랜만에 다시 보니 참 색달랐다.

나중에 교회 오빠가 우연히 내가 출연한 영화를 보고 "연기 정말 잘하더라"고 칭찬을 해주셨다.

나는 겸손하게 "지금이 더 낫지 않아요?"라고 대답했는데, 그분은 "원래 연기를 아무것도 모를 때 제일 잘하는 거야"라고 하셨다.

근데… 생각해보면 나는 지금도 연기에 대해 잘 모르는 것 같다.

■ 생애 첫 단편영화 주연, 그리고 영화제까지 가다

내가 주인공이 된 단편영화가 드디어 서울국제초단편영화제 본선에 진출했다. 상영은 이수역에 있는 아트나인 극장에서, 영화제 기간 동안 이루어졌고, 그 기쁨은 말로 다 할 수 없었다.

영화 제목은 〈운수 좋은 날〉.

2013년 6월 6일, 딱 하루 동안 촬영을 했다. 하지만 그 하루는 내게 평생 잊을 수 없는 날로 남아 있다.

처음으로 주연을 맡은 작품이었기 때문이다.

그래서 더 의미 있고, 특별했다.

영화 운수 좋은 날의 스틸컷!

"난 운수 좋은 여자야~^^" — 이 말 한마디에 내 모든 벅찬 감정이 담겨 있었다.

■ 나의 첫 영화 촬영 - 단편 〈포스트잇〉

이보다 앞서, 나의 진짜 첫 영화 촬영은 단편 〈포스트잇〉이었다.
카메라 앞에서의 첫 연기, 마치 시간이 멈춘 듯한 떨림.
처음이기에 서툴렀지만 그래서 더 진심이었다.
그 순간을 나는 잊을 수 없다.

■ 단편 〈T-타임〉과 독립장편영화 〈실론〉

그 이후 단편영화 〈T-타임〉에도 참여했고, 드디어 독립장편영화 〈실론〉, 〈세렌디피티〉에까지 출연하게 되었다. 두 영화 모두 2013년에 촬영했는데, 긴 기다림 끝에 2015년 12월, 드디어 극장 개봉까지 이루어졌다.
작은 배역이었지만 내겐 큰 경험이었다. 한 장면, 한 컷 속에 나를 담아낸 시간들이 지금도 생생하다.

■ 단막극 〈그녀, 엄마〉 - 대학생들과의 소중한 작업

또 하나 기억에 남는 작품이 있다. 바로 대구 계명대학교 학생들과 함께한 단막극 〈그녀, 엄마〉. 2013년 9월 16일, 그들과 함께한 작업은 정말 즐겁고 행복했다. 미래의 영화감독, 예능 PD로 활약할 그들의 열정 속에서 나도 모르게 에너지를 얻었다.
나는 극 중 현숙의 현재와, 과거의 현숙맘까지 연기했다. 그 덕분에 마치 시간을 거슬러 과거 여행을 하고 온 듯한 기분이었다. 분장도 영화 써니처럼 하고, 깔깔 웃으며 촬영했던 기억이 난다. 웃기고 재밌고, 그러면서도 가슴 찡한… 정말 좋은 작품이 나올 것 같았다.

- **<오늘은> - 나의 첫 드라마, 흔들리며 만난 나 자신**

2013년 겨울, 나는 기획 드라마 <오늘은>에 출연하게 되었다. 교수 역이었다. 설레는 마음보다 먼저 몰려온 건… 혼란스러움이었다.

사실 그 무렵 나는 영화 <해무>에 캐스팅되었지만, 촬영 일정이 계속 미뤄지고 있었다.

언제 촬영이 시작될지 몰라 마음은 늘 대기 중이었고, 그러다 보니 <오늘은> 촬영에 온전히 집중하지 못했다. 마음 한쪽이 늘 떠 있었달까.

하지만 현장의 분위기는 따뜻했다. 첫 드라마라 긴장도 컸는데, 스태프분들과 배우 선배님들께서 배려를 아끼지 않으셨다. 덕분에 마음 놓고 촬영에 임할 수 있었다. 다만, 나는 실수를 저질렀다. 나오는 씬이 끝난 뒤, 다른 일정 때문에 급히 떠나야 했고, 감독님께 제대로 인사도 드리지 못한 채 자리를 떴다. 나의 미숙함이 누군가에게 불편함이 되었을지도 모른다. 그날 나는 여전히 <해무>에 대한 마음에서 벗어나지 못하고 있었다.

그래도 감사한 건 많았다. 아버지 역할을 맡으셨던 경정호 선배님, 영화 <오셀로>의 주인공이셨던 그분을 가까이서 뵙고 함께 연기한 것만으로도 큰 영광이었다. 함께했던 오태은 언니, 이용근 선배님도 따뜻한 말씀을 많이 해주셨다. 지금도 카카오스토리에 '좋아요'를 눌러주시는 그 손길이, 내겐 큰 힘이 된다.

지금 생각해보면, 그 드라마 현장은 내게 연기자로서의 첫걸음이었고, 동시에 인간으로서 나를 더 솔직하게 돌아보게 한 시간이기도 했다. 부족했던 날도, 흔들렸던 마음도 다 '나로소이다'의 한 조각이었다는 걸 이제는 쿨하게 인정할 수 있다.

■ <뷰티마스터> - 벤을 타고 도착한 촬영장, 택배처럼 도착한 꿈

2015년, 웹드라마 <뷰티마스터>에 출연하게 되었다. 비록 짧은 단역이었지만, 내겐 매우 특별한 시간이었다. 그날 나는 안성에서 코칭 교육을 받고 있었다. 그런데 갑자기 압구정에서 당장 촬영이 있다는 연락이 왔다.

'이걸 어쩌지…' 고민하던 찰나, 마치 영화처럼 등장한 한 사람! AB 캐스팅 디렉터님이 "걱정 마요, 데리러 갈게요"라고 말해주셨다. 그리고 진짜로 벤을 몰고 오셨다. 게다가 촬영이 끝난 늦은 밤, 다시 안성까지 데려다주셨다.

처음이자 마지막일지 모를 '벤 픽업'의 순간. 나, 그날 왕처럼 대접받았다. 그리고 더 놀라운 건 그 벤이 라미란 선배님이 타셨던 바로 그 차였다는 것!

'라미란의 기(氣)'가 깃든 벤이라니. 도착하기도 전에 이미 에너지가 충전된 느낌이었다. 촬영장에서 조감독님은 내 프로필을 보고 "얘다!"라고 하셨다며 반갑게 맞아주셨다. 그리고 한마디.

"계속 하세요. 포기만 안 하면 잘 돼요."

그 말이 얼마나 힘이 되었는지 모른다. 나는 예쁘지도 않고, 그렇다고 못생긴 것도 아닌, 그저 개성 있는 얼굴이라고 우기고 있는 중이었지만… 그 한마디가 나를 다시 세워주었다.

서준영 배우도 이 작품에 출연했다.

내가 오랜 시간 간절히 바라던 배우였다.

"같은 작품만 해도 좋다, 이모 역할이라도 좋다!"고 주문(?)해왔던 그 배우와, 드디어 같은 작품에 출연했다. 아쉽게도 직접 호흡을 맞추진 못했지만, 그래도 반쯤은 이루어진 셈이다. 내 소원은 택배처럼 늦더라도 언젠간 도착한다. 다음 주문도 기다려야지. 오늘도 상상력 풀가동!

8. 수백 번의 오디션

"떨어졌지만, 내가 사라진 건 아니다."

한 문장 미션
• 가장 지치지 않고 시도했던 경험을 적어보자 •

〈뮤지컬, 그 무대 위의 나〉

2004년, 세종문화회관에서 뮤지컬 〈지저스 크라이스트 수퍼스타〉를 보았다. 내가 태어나 처음 본 뮤지컬이었다.

주인공은 JK김동욱. 대극장의 가장 높은 자리, 가장 먼 자리에서 봤지만, 그날의 음악과 공연은 온몸을 진동시켰다.

감동은 생생했고, 나는 곧장 OST CD를 사서 늘어지도록 들었다. 그것이 내가 뮤지컬과 맺은 첫 인연이었다.

그 후 2010년 1월, 〈미녀는 괴로워〉를 두 번째 뮤지컬로 보게 되었다.

바다가 주연이었고, 송창의 배우가 출연했다.

나는 원작 영화에 깊이 공감했던 터라 뮤지컬로 재해석된 공연에 또 한 번 큰 감동을 받았다. 당시 나는 매년 다이어트를 결심하고는 번번이 실패했기에 이 작품은 내게 큰 위로였다. 그 무렵 처음으로 이런 생각이 들었다.

"나도 저 무대에 서보고 싶다."

그저 막연한 꿈이었지만 마음속 깊이 자리 잡았다. 3년 뒤, 나는 정말 무대에 서게 되었다. 그때까지 전문적인 레슨을 받은 적도 없었다. 그저 나만의 재능과 용기를 믿고 오디션에 도전했다. 처음 본 오디션은 〈사랑과 영혼〉의 뮤지컬 버전이었다.

외국 연출진 앞에서 자유곡을 부르다 실수로 멈췄고, 한 번 더 기회를 받았지만 제대로 이어가지 못했다. 심사위원의 실망한 표정이 떠오르고, 나는 부끄러워 뒤도 안 돌아보고 나왔다. 그러나 이 경험은 내게 중요한 교훈을 주었다.

그날 오디션장에서 우연히 예전 댄스학원에서 만난 배우 동생을 다시 만나게 되었고, 그 인연으로 〈퍼스트 레이디〉 뮤지컬에 참여할 수 있었다.

이후 나는 대형 뮤지컬이든 소극장 작품이든 가리지 않고 오디션에 도전했다. 매번 긴장하고, 실수하고, 음이탈하고, 가사를 까먹고… 그러나 포기하지 않았다.

그러던 중 〈아줌마가 간다〉라는 창작 뮤지컬의 오디션에서 나는 '난 예술가의 아내'라는 곡을 무반주로 열창했고, 합격 통보를 받았다. 이 작품은 내게 많은 '처음'을 선물해주었다. 앙상블 중 유일하게 솔로 파트를 맡았고, 잘생긴 남자 배우 두 명과 함께 무대 앞으로 나가 요염한 춤을 추며 노래를 불렀다. "난 섹시한 아줌마야~ 난~ 진정한 사랑을 원해~"라고 외치던 그 순간, 나는 무대 한가운데에 있었다.

연습은 녹록지 않았다. 땀이 범벅이 되었고, 다이어트를 권유받기도 했다. 하지만 선배님들은 말했다.

"너는 캐릭터가 있어. 살을 빼면 오히려 매력이 줄 수도 있어."

그 말은 내게 큰 위안이 되었다. 연출님은 연습 때 빠진 배우의 역할을 내가 대신하며 분위기를 띄워준 덕에 칭찬해 주셨고, 녹음도, 안무도, 의상 갈아입기도 모두 신선하고 소중한 경험이었다.

무산될 뻔했던 공연도 과거 인연을 살려 가수 페이지 언니를 섭외하면서 다시 살아났다. 여름 장마 속에서도 우리는 열정을 잃지 않고 연습에 몰입했다. 건국대 새천년 홀, 김포시민회관, 성북아트센터까지 여러 차례 공연하며 나의 뮤지컬 여정은 무르익어갔다.

그 후 〈퍼스트 레이디〉에 합류했고, 다양한 멀티 역할을 소화했다. 대학로에서 연극 〈시크릿〉을 병행하면서도 나는 특유의 표정과 연기로 동료들에게 에너지를 불어넣었다. 연출님이 "대학로에서 3년만 하면 이름 난다"고 하셨던 말은 지금도 가슴 속에 남아 있다.

그 시절을 돌아보면, 모든 것이 처음이었기에 서툴렀지만 진심이었다. 지금은 공연을 쉬고 있지만, 교회 유년부 찬양팀에서 노래와 율동을 하며 무대 감각을 유지하고 있다. 그 또한 진심을 담아 표현하는 무대다. 나는 이 모든 여정을 '나의 할리우드'로 부른다. 포기하지 않고 우물을 파고, 또 다른 무대를 꿈꾸며 살아간다.

배우라는 직업은 기다림이다. 그러나 그 기다림은 결코 헛되지 않다는 것을 나는 안다. 나는 여전히 배우이고, 교사이며, 작가로서 또 하나의 무대를 만들어가고 있다.

9. 기자와 작가로 전환

"이제는 내가 나를 기록한다."

한 문장 미션
• 내 삶을 기사로 쓴다면 제목은? •

#작가가 되다! (2014)

2014년, 나는 뜻깊은 프로젝트에 작가로 참여하게 되었다.

바로 '라이터스'에서 진행한 기획이었다. 그 프로젝트는 고아원 아이들이 직접 그린 그림을 바탕으로 작가들이 상상력을 펼쳐 이야기를 창작하고, 그 결과물을 책으로 엮어 출판해 수익을 기부하는 따뜻한 작업이었다.

아이들의 그림을 마주한 순간, 내 마음에도 작은 별들이 반짝이기 시작했다. 그림 하나하나가 작은 우주 같았고, 나는 그 안에 들어가 조심스레 이야기라는 별들을 심었다.

그리고 어느 날, 정말 책이 출간되었다!

"진짜… 내 글이 책에 실렸어?"

그 순간의 떨림과 벅참은 아직도 생생하다. 작지만 확실한 기적이었다.
나는 그날 이후 믿게 되었다.
"상상력과 글쓰기는 세상을 따뜻하게 바꾸는 힘이 있다."

#기자 체험, 다문화 현장을 취재하다! (2014)

같은 해, 나는 '기자 체험' 프로젝트에도 참여하게 되었다. 국회의사당 안에 있는 한 카페, 장애인을 고용한 그 특별한 공간에서 직접 인터뷰하고 현장을 취재했다. 또 포스코 빌딩에 있는 다문화 외국인 고용 카페를 방문해, 다양한 국적의 사람들과 대화를 나누고 그들의 이야기를 기사로 담아냈다.

단순한 체험이 아니라, 잡지 창간호 기획과 편집까지 함께 참여하며 만든 경험은 내게 특별한 깨달음을 안겨주었다. "직접 발로 뛰며 사람들의 삶을 글로 담아낸다는 건, 정말 멋지고 값진 일이구나!"

#똥만화를 만들다!

그 시절, 나는 엉뚱하지만 유쾌한 아이디어에 푹 빠졌다. 바로 '똥만화'였다. '왜 하필 똥이야?'라고 물을 수 있지만, 그 안엔 웃음과 풍자, 그리고 나만의 철학이 담겨 있었다.

사람들이 답답한 일상 속에서 시원하게 웃고, 또 잠시나마 생각하게 만드는 그런 만화를 만들고 싶었다. 지금 생각해도 참 용감하고도 순수했던, 실험정신 충만한 시기였다.

#단편소설을 쓰다! 소설가의 꿈 (2011~2012)

2011년부터 나는 문화센터에서 소설 수업을 들으며 진지하게 글을 쓰기 시작했다. 막연하게 쓰는 것이 아니라 '목표'가 있어야 힘이 나기에, 나는 신춘문예에 단편소설 여섯 편을 투고하겠다고 결심했다.

그 겨울, 밤낮으로 글을 쓰고 다듬으며 진심을 담은 이야기들을 완성해 신문사에 하나씩 보냈다. 비록 수상은 하지 못했지만, 그 시간은 작가로서의 나를 탄생시키는 깊은 씨앗이 되었다.

지금도 내 안에는 그때 썼던 문장들이 살아 있다. 언젠가 기회가 된다면, 그 작품들을 다시 꺼내 독자와 나누고 싶다.

#시나리오를 쓰다!

영화를 직접 만들기 시작하면서, 나는 처음으로 진짜 '시나리오'를 마주하게 되었다. 그리고 문득 이런 생각이 들었다.

"나의 기억도 영화가 될 수 있지 않을까?"

그리하여 나는 내 삶의 장면들을 하나씩 떠올리며, 시나리오를 쓰기 시작했다. 그 에너지가 어디서 나왔는지, 지금 생각해도 참 놀랍다. 그때 쓴 원본은 지금도 소중히 보관 중이다. 아직 미완성일지 모르지만, 언젠가 그 시나리오가 무대 위에서 혹은 스크린 위에서 빛날 날이 올 것이라 믿는다.

작가, 기자, 만화가, 소설가, 시나리오 작가. 모든 글쓰기가 서로 다른 듯 닮아 있다. 어떤 형식이든, 나는 마음속 이야기를 세상에 전하는 사람이고 싶다. 한 문장, 한 장면이 누군가의 마음을 흔들 수 있다면, 그것만으로도 나는 이미 충분히 작가다.

10.
식탐송, 방송 콘텐츠 제작기

"유머는 진심을 감싸는 포장지다."

한 문장 미션
• 내 유머 스타일을 한 단어로 표현해보자 •

도전정신은 밥 보다 더 진국!

'식탐 노래'와 지역 가게 홍보 영상 그리고 나의 실험 정신.

하나는 식탐 노래를 만들어 찍는 것, 또 하나는 지역 사회를 위한 작은 가게 홍보 영상을 만드는 것이었다. 둘 다 평범한 영상이 아니라, 나만의 유머와 개그감을 듬뿍 담은 기획이었다.

그때 나는 가발을 쓰고, 가수 지망생 리엘 양을 섭외했다. 직접 캠코더로 촬영하고, 무비 메이커로 자막을 넣는 등 모든 과정을 손수 했다. 지금 기준으로 보면 화질은 스마트폰보다도 한참 못하지만, 그때의 열정과 진심은 지금 생각해도 눈물겹도록 빛난다.

[식탐 노래] (작사/작곡: 리엘 / 코러스: 진국)

지금 시각은 자정 12시
내 배꼽시계 알람 울리네
오늘까지만 야식을 먹고
내일부터 진짜 다이어트야

배속에서 거지가 들었나
참아야지 빨리 자러 가야지
아니 근데 잠이 오질 않아
눈 앞에 라면이 아른거려

안돼 안돼 더 이상은 안돼
내 남자친구 진실을 알면 안돼
"살 빼지 마, 난 통통한 게 좋다"
남자들 거짓말, 이젠 속지 않아

피자~ 치킨~ 치킨은 양념반 후라이드반
무는 많이 많이
순대 튀김, 튀김은 꼭 떡볶이랑 무쳐주세요
다이어트는 늘 그렇듯 '내일부터'

소중한 나의 야식메뉴~ 음으~~음~~

초록 가발, 리얼 감정 몰입, 그리고 첫 뮤직비디오

이 노래는 리엘양이 반주와 노래를, 나는 초록색 가발을 쓰고 감정 몰입으로 코러스를 넣었다. 뮤직비디오처럼 찍었고, 한 장면 한 장면을 철저히 연출했다. 그 영상은 아직도 내 블로그에 있다. 지금 보면 '올드하다'는 느낌이 들기도 하지만, 그 당시 내가 직접 기획하고, 구성하고, 편집하고, 촬영한 최초의 실험영상이었다. 그 자체로 나는 무척 자랑스럽다.

"구구포차" 오디션 그리고 포항 MBC

이 영상을 2013년 하반기 포항 MBC '구구포차' 방송 오디션 지원자료로 보냈다.

영상이 너무 궁금하다며 연락이 와서, 직접 포항까지 오디션을 보러 내려갔다. 그땐 일산에 살고 있었기에, 거리도 멀고 여정도 쉽지 않았다. 하지만 나를 불러줬다는 것만으로도 감사했고 기뻤다.

진심은 웃음을 타고 전해진다

지금 보면 유쾌함도 덜하고 영상도 촌스럽지만, 그때 그 감정과 열정은 여전히 생생하다.

이 영상은 단순한 유튜브 콘텐츠가 아니라, 내가 방송작가로서 처음 만든 실험적 기획물이었다.

그리고 그 경험은 내 안의 도전 DNA를 더욱 자극했다. 나는 밥 먹는 것보다 도전을 더 많이 했다. 늘 뭔가에 도전하고, 만들어내고, 사람들을 웃기고, 감동시키고 싶었다. 그 마음은 지금도 변하지 않았다.

"과학 프로그램을 구성하다가, 인생을 구성하게 되다"

한때 나는 이런 과학 프로그램을 구성한 적이 있다.

정확히 말하자면, 직접 진행하진 않았지만, 프로그램의 얼개와 흐름은 내가 짰다. 지금 다시 보니 참으로 다양한 시도를 했고, 또 잘 벌렸다. 누군가는 내게 말했다.

"판을 벌릴 줄 아는 것도 재능이에요."

맞다. 나는 '판을 벌이는 사람'이었다. 지금도 그렇다.

그때 만들었던 과학 프로그램을 팟캐스트로 다시 구성하면 어떨까 하는 생각이 들었다. 요즘은 매체도 다양하고, 포맷도 자주 바뀐다. 하지만 진짜 살아 있는 콘텐츠는 결국, 그걸 '누가, 얼마나 진심으로' 하느냐에 달려 있다고 생각한다.

나는 단지 '과학'을 말하고 싶었던 게 아니다. 지치고 힘들고, 여행 한번 떠나기 힘든 사람들에게도 즐거움과 감동, 그리고 대리 만족과 상상 여행을 선물하고 싶었던 것이다.

그 점에서 '꽃보다 청춘' 같은 프로그램은 정말 내 마음을 콕 찔렀다. 나를 위한 예능이라고 느꼈다.

생각해 보면, 나는 해외여행 대신 '직업여행'을 했다. 세상에 있는 직업들을 직접 체험하면서, 사람의 가능성, 다양성, 그리고 나 자신에 대해 배워갔다. 그 시간이 나에게는 정말 귀한 선물이었다.

나는 여행도 좋아하지만, '여행하면서 일할 수 있는 구조'를 더 좋아하는 사람이다. 아무것도 하지 않는 것을 불안해 하고, 늘 무언가를 배우고 남기려 애쓰는 나. 그건 단순히 성향이라기보다는, 삶을 진하게 살아가려는 나의 방식이다.

가끔은 이런 생각도 든다. 지금 내가 부지런히 쌓아온 이 흔적들, 내가 떠난 뒤에야 누군가의 눈에 띄게 될지도 모른다. 그런데도 괜찮다. 나는 지금 이 순간 내가 좋아하는 일을 하며, 사람들의 잠재력을 끌어올리는 일을 하고 있으니까.

그 자체로 내 삶은 충분히 충만하다.

방송작가로서 잠깐 활동했던 시절, 예능·시사·다큐 프로그램들이 어떻게 만들어지는지를 현장에서 직접 보고 배웠다. 작가의 영향력은 크지만, 그 영향력만큼 떠돌아야 하는 현실적인 서글픔도 있다.

그럼에도 불구하고, 우리는 수많은 작가님들의 노고 덕분에 안방에서 웃고 울고 감동받을 수 있는 '축복'을 누리고 있는 것이다.

라디오 작가로, 방송작가로, 때론 가수 매니저로, 나는 다양한 방송 현장과 프로그램 제작 과정을 온몸으로 부딪히며 경험했다.

일산 MBC 드림센터 예능국의 풍경이 눈에 선하다. 녹화 다음 날, 텅 빈 불 꺼진 회의실. 그 불 꺼진 순간 속에 담긴 피로와 열정 그리고 한 편의 방송이 나가기까지의 치열함을 나는 알고 있다.

만약 내가 방송작가였다면, 좋아하는 연예인을 섭외했을 때 "대박!"을 외쳤을지도 모른다.

이제 나는 방송작가의 세계를, 그 화려함 이면의 고단함과 보람을 안다. 그리고 진심으로 그들을 응원한다.

11. 사진작가의 모델로 서다

"뚱뚱한 여자의 코르셋, 나를 해방시키다."

> **한 문장 미션**
> • 내 몸을 가장 멋지게 표현한 순간은 언제였나?

사진작가의 모델이 되다 (2012-2014)

2012년 10월, 나는 사진작가 안옥현 선생님의 작업에 모델로 참여하게 되었다.

코르셋을 입은 채, 다소 과감한 콘셉트로 촬영에 임한 그날의 경험은 지금도 또렷하다. 살집 있는 몸에 코르셋이라니, 누군가는 민망할 수 있었겠지만 나는 오히려 담담하고 편안하게 받아들였다.

이 또한 새로운 경험이자, 작가님의 작품 세계에 내가 들어갈 수 있는 귀중한 기회였기 때문이다. 그리고 동시에, 내 삶의 한 페이지에 남을 필모그래피가 될 것임을 직감했다.

안옥현 작가님은 사진을 단순한 기록이 아닌, 마치 화가가 초상화를 그리듯 인물의 내면을 담아내는 분이다. 그의 사진은 독특하면서도 사유를 자극하고, 보는 이로 하여금 인물의 이야기를 궁금하게 만든다.

   사진 속 '인물'이 아니라, '존재'를 담아내는 힘이 있다.

   2014년, 작가님은 다시 나를 불러 하루 촬영을 진행했다. 그날의 사진은 받지 못했지만, 그것이 작가님의 예술 세계에 속한다는 것을 알고 있었기에 오히려 감사한 마음이었다.

   그리고 마침내, 2014년 11월 1일. 강남역 근처 '스페이스22'에서 열린 안옥현 작가님의 전시회에 직접 발걸음을 옮겼다. 작가님이 수없이 많은 사진 중에서 선택해 전시한 작품은 놀랍게도, 2012년 10월에 나와 함께 찍었던 바로 그 사진이었다.

   사진의 제목은 〈진국과 풍경화〉.

   그리고 한겨레신문 전시 홍보 기사에도 실렸다.

   〈환상을 지운 사랑, 치유의 자연… 여자라 볼 수 있는 찰나의 세상〉.

   기사의 제목처럼, 그 사진은 한 여자의 단면이 아닌, 살아 있는 존재의 깊이를 담아낸 듯했다.

   "우리가 영화나 드라마에서 낭만적으로 소비하는 사랑의 이미지가 현실에서는 어떻게 나타나는지를 포착한 작품이다."

   기사의 문구처럼, 그 사진은 내가 누구인지, 어떤 감정으로 살아가는 사람인지 조용히 이야기하고 있었다.

   사랑, 몸, 존재에 대한 진솔하고도 거침없는 시선. 그리고 그 가운데 내가 있었다는 사실이 믿기지 않을 만큼 소중하게 느껴졌다.

   특히 내게 소름이 끼칠 만큼 인상 깊었던 건, 2012년 10월 말, 촬영 당시

'이 사진이 전시회 홍보 기사에 실리면 좋겠다'는 상상을 했고, 정확히 2년 뒤인 2014년 10월 말, 실제로 그것이 이루어졌다는 사실이다.

그 상상이 현실이 되었을 때, 나는 다시금 믿게 되었다.

"진심 어린 상상은 언젠가 도착하는 주문이다."

그날 찍은 기념사진도 소중히 간직하고 있다. 신문 속 내 사진을 복사해 붙여 놓은 페이지는, 내가 '모델'로서 첫 자취를 남긴 증거이자 "사진은 거짓말을 하지 않는다"는 진실을 깨닫게 해 준 한 장의 기록이다.

나는 언젠가 모델들이 다양한 콘셉트로 촬영하는 모습을 보며, '저렇게 돈 벌면 참 쉽겠다'는 생각을 했던 적이 있다. 하지만 직접 작가의 모델로서 촬영에 임하면서 생각이 완전히 달라졌다.

사진은 단순히 포즈를 취하는 것이 아니라, 자신을 있는 그대로 마주하고 드러내는 작업이었다.

카메라 앞에서의 나는, 연극 무대 위의 내가 아니었고 더 이상 꾸며진 인물도 아니었다. 그냥, 나였다.

12.
방송국 구경하고 싶어서
가수 매니저로 활동하다 가수까지 되다!

"꿈의 문은 때때로 우연을 가장한 용기로 열린다."

한 문장 미션

"내가 지금 단순한 호기심이나 재미로 관심 있는 분야가 있다면, 그 일을 진짜 직업처럼 상상해보자. 그리고 그 분야에 종사하는 사람 한 명에게 인터뷰 요청하거나 관련 공간을 직접 방문해보자."

#방송국을 누비며, 나만의 음원을 홍보하다

나는 OO가수의 매니저로 활동하면서, 정말 원 없이 방송국 구경을 할 수 있었다.

방송국에 들어가기 위해서는 음반 홍보 목적이라고 쓰고 신분증을 맡겨야 했는데, 그 절차마저도 신이 났다. 그렇게 나는 정말 들어가고 싶었던 방송국들—SBS, MBC, KBS는 물론 CJ E&M, 불교방송, 기독교방송, 교통방송 등—정말 많은 곳을 다녔다.

가수는 음악으로 활동하니까 라디오에서 노래가 나오는 것만으로도 좋은 홍보다. 다양한 방송에 출연하고, 음반을 들고 방송국마다 심의 넣는 작업까지 전부 내가 직접 했다.

음원 유통을 위해 '미러블'이라는 회사에도 자주 들렀고, 계약서를 챙겨서 대표님 대신 서류도 전달했다.

음원이 발매되면 수익이 어떻게 정산되는지도 보고 들었다. 음원이 잘 될 때와 안 될 때, 수익이 얼마나 다른지도 알게 됐다.

#라디오 생방송 현장, 직접 가보다

OO가수가 SBS 〈양정아의 달콤한 밤〉에 출연하게 되어 동행했을 때, 나는 라디오 방송국 내부를 직접 구경할 수 있었다.

스튜디오 안에서는 DJ와 게스트가 대화를 나누고, 스튜디오 밖에서는 PD님과 작가님들이 분주하게 움직였다.

음악이 나올 때마다 신호를 주고 받고, 모니터로 메시지를 전달했다. 음향 엔지니어는 아주 진지하게 일하고 있었는데, 정말 멋져 보였다.

〈YTN 라디오〉에도 자주 갔다.

사실 나, YTN 팬이다. 천안함 사건 터졌을 때 속보를 보다가 앵커가 너무 잘생겨서 그때부터 YTN뉴스를 즐겨 봤다. 그 앵커가 나올까 기대하면서 뉴스 챙겨보던 시절도 있었는데, 요즘엔 잘 안 보이는 듯.

아무튼 OO가수가 YTN 라디오 프로그램에 출연하게 되어 너무 기뻤고, 기념으로 사진도 찰칵!

#드디어! MBC〈아름다운 콘서트〉 섭외 성공

MBC 드림센터는 당시 일산에 있어서 나에겐 지리적으로도 가까웠다.

나는 정말 열심히 예능국에 인사하고 CD 돌렸다. 그러던 중 기적처럼〈아름다운 콘서트〉의 PD님이 OO가수의 팬이셨고, 섭외가 성사됐다!

정말 그날은 잊을 수 없다. 공연 전 오케스트라 리허설도 함께하며 감격했던 날이다.

그날 장윤정, 엠블랙, 이영현 씨 등 여러 뮤지션도 있었고, 나는 완전 들떠 있었다. 특히 이영현 씨 매니저님과 인연이 닿아 나중에 뮤지컬 섭외로까지 이어졌는데, 인연은 정말 어디서 어떻게 연결될지 모른다.

한 번은〈지붕뚫고 하이킥〉녹화 현장도 직접 구경했는데, 카메라 감독님이 친절하게 맞아주셔서 세트장 구석구석 볼 수 있었다.

TV에서는 진짜 병원인 줄 알았던 곳이 알고 보니 전부 세트! 조명, 카메라 위치, 연기자 동선 등 세심하게 계산된 연출에 감탄했다.

"아, 방송은 진짜 팀플이구나" 실감했다.

#홍대 라이브카페 공연 기획까지!

OO가수의 공연을 위해 나는 처음으로 홍대를 제대로 누볐다.

평소엔 낯설었던 곳이지만, 드라마〈커피프린스〉의 촬영장소를 발견하곤 갑자기 친근해졌다. 낮의 홍대는 자유로웠고, 밤의 홍대는 뜨거웠다.

라이브카페를 일일이 찾아다니며 공연 조건을 물어보고, 공연파트 담당자와 명함을 교환하고, 대관 가능 여부를 조율했다.

공연장에서 관객과 가까이 소통할 수 있다는 건 큰 매력이었다.

결국 몇 군데와 협의가 성사되어 홍보 포스터 만들고 관객 모집해서 공연을 성사시켰다. 그때 느꼈다. "매니저지만 기획자 역할도 나랑 잘 맞는다!"

#음악과 나, 그리고 웃긴 추억들

나에게 음악은 참 애증의 대상이다.

중학교 시절, 합창시간에 음을 못 맞춰서 음악 선생님께 자주 혼났었다. 그러다 어느 날, 선생님 흉내를 전교생 앞에서 했다가 딱 걸렸다.

다행히 선생님도 웃으며 넘어가주셨고, 그날 이후로 나를 '국진이'라고 부르시기도 했다.

그래서 그런지 음악엔 늘 트라우마가 있었지만, 지금은 아니다. 무대 뒤에서 음악을 기획하고, 뮤지션들과 함께 호흡하며 노래를 듣고 따라부르며 즐기는 삶이 얼마나 감사한지 모른다.

베이시스트, 드러머, 반주자— 모두 멋진 뮤지션이다. 나는 악기를 잘 다루지는 못하지만, 언젠가 기타 치는 남편과 함께 가족 공연단을 꾸리고 싶다. 내가 보컬 하면 되니까!

참 나는 일을 벌리는 재주도, 꿈을 꾸는 재주도 참 야무지다. 그래서 내가 스스로도 신기하다.

이후 나는 OO가수의 매니저를 그만두고, 내가 정말 엔터네이너의 재능이 있는지 없는지를 알아보기 위해서 그동안 눈으로 구경하면서 배웠던 것들을 내가 할 수 있는지 도전해보기로 했다.

#국민 DJ 오디션, 방송국 구경하다 방송인이 되다!

라디오 DJ…. 그건 그냥, 스쳐 지나가듯 해보고 싶던 꿈이었다.

근데 정말로, 내가 DJ가 되다니! 심지어 내가 홍보 CD를 들고 찾아갔던 바로 그 프로그램에 출연하게 되다니! 이건 그냥 영화다. 진짜 내 인생 영화!

SBS 국민 DJ 오디션에 지원했을 땐, 기대도 안 했다. 근데 어느 날, 집에 가는 길 지하철에서 전화를 받았다.

예선에 나갈 수 있다는 연락.

순간 심장이 쿵 내려앉았다가 두근두근 뛰기 시작했다.

"진짜 내가?"라고 속으로 몇 번을 되뇌었다.

처음 스튜디오에 갔을 때, 나는 라디오라는 공간이 이렇게 떨릴 수 있다는 걸 처음 알았다.

정읍의 한 교회 안에 마련된 작은 스튜디오, PD님이 직접 연습을 시켜주시고, 내 말투와 목소리를 다듬어주셨다.

그런데 문제는 나였다. 나는 말이 너무 빨랐고, 성격도 급했고, 목소리는 너무 컸다.

연극 대사하듯 이야기하니 PD님이 "조금만, 톤을 낮춰보세요" 하셨다.

근데 그게 그렇게 어렵더라. DJ는 마이크 앞에서 속삭이듯 말해야 한다는 걸, 그제야 처음 알았다.

연습 중 내 목소리에 귀를 막는 다른 참가자들의 표정, 지금 생각하면 너무 웃기다.

그때는 심장이 터질 듯 떨렸지만, 지금은 한 장의 추억이 되었다.
예선은 통과하지 못했지만 정말 많은 걸 배웠고, 무엇보다도 나의 이야기를 전할 수 있었던 시간이었다.
내가 오디션 지원서에 썼던 한 마디, 지금도 기억난다.
"청취자들에게 유쾌한 웃음과 감동을 전하는 국민 DJ가 되겠습니다."
그 말, 나는 아직도 유효하다고 믿는다.

#리얼스프송, 나만의 국민체조송을 만들다

2019년, 나는 진짜로 앨범을 냈다. 그것도 내가 직접 작사·작곡한 곡으로! 게다가 뮤직비디오까지.
검색창에 '리얼스프송'을 쳐 보면, 지금도 유튜브에서 만나볼 수 있다.
그때 나는 진심이었다. 교회 동생들을 모아 안무도 직접 가르치고, '이건 국민체조가 될 수 있다!'는 야무진 꿈을 꾸며 동작 하나 하나에 혼을 실었다.
무대는 내 고향, 부산. 바다를 배경 삼아 오래도록 남을, 우리만의 인생 뮤직비디오를 찍었다.
영상 속에서 나와 함께 백댄서를 해 준 두 동생, 지금은 결혼해서 행복하게 잘 살고 있다.
이 누나는 간절히 바란다. 이 영상이 그들의 흑역사가 아니라, 자녀들에게 자랑스럽게 보여줄 수 있는 멋진 추억이 되기를!
그때 스탭으로 도와준 조카, 동생들, 그리고 든든한 언니까지—정말 고맙다는 말을 이 자리를 빌려 전하고 싶다.
이 프로젝트는 코로나가 터지기 '딱 그 직전'이었다.
만약 그때 도전하지 않았다면, 지금쯤 "그땐 왜 안 했을까" 아쉬움만 남았을 것이다. 그래서 더 소중하다. 이건 우리만의 보석 같은 시간이었다.

  그 후 나는 '**리얼스프송**'을 내 휴대폰 컬러링으로 설정하고, 틈틈이 자랑도 하고, 알릴 수 있는 데까지 알리고(!) 있다.

  그렇게 앨범 내는 게 취미가 되어버렸고, 추가로 싱글 앨범을 두 개 더 냈다. 총 네 곡, 모두 내가 쓴 노래.

  다음엔 어떤 노래가 나올까?

  그때처럼 또 한 번 가슴 뛰는 영감이 나를 찾아오길 기대한다.

리얼스프 송

작사·작곡 박진국

이 세상에 수많은 스프들
무지개의 빛깔처럼 무한하지
스프마다 각자의 삶으로
그 나타난 모습은 다양하지
스프마다 맛을 내는 때가 있지
스프마다 존재하는 이유 있네
그 모습 그대로 아름 다워
보면 볼수록 더 귀하고 멋있어
나는 리얼스프 리얼스프지
나는 리얼스프 리얼스프지
나는 리얼 리얼 리얼스프지
나는 리얼 스프 리얼스프지
이 세상에 수많은 스프들
오오래 끓일수록 리얼스프지
스프마다 각자의 이유로
그 재능과 색깔도 발전하지
스프마다 맛을 내는 때가 있지

스프마다 무한하게 맛을 내지
시간 지나면 에너지 어마해
무한한 잠재력 더 드러나 빛나네
나는 리얼스프 리얼스프지
나는 리얼스프 리얼스프지
나는 리얼 리얼 리얼스프지
나는 리얼 스프 리얼스프지
우린 리얼스프 리얼스프지
우린 리얼스프 리얼스프지
우린 리얼 리얼 리얼스프지
우린 리얼 스프 리얼스프지

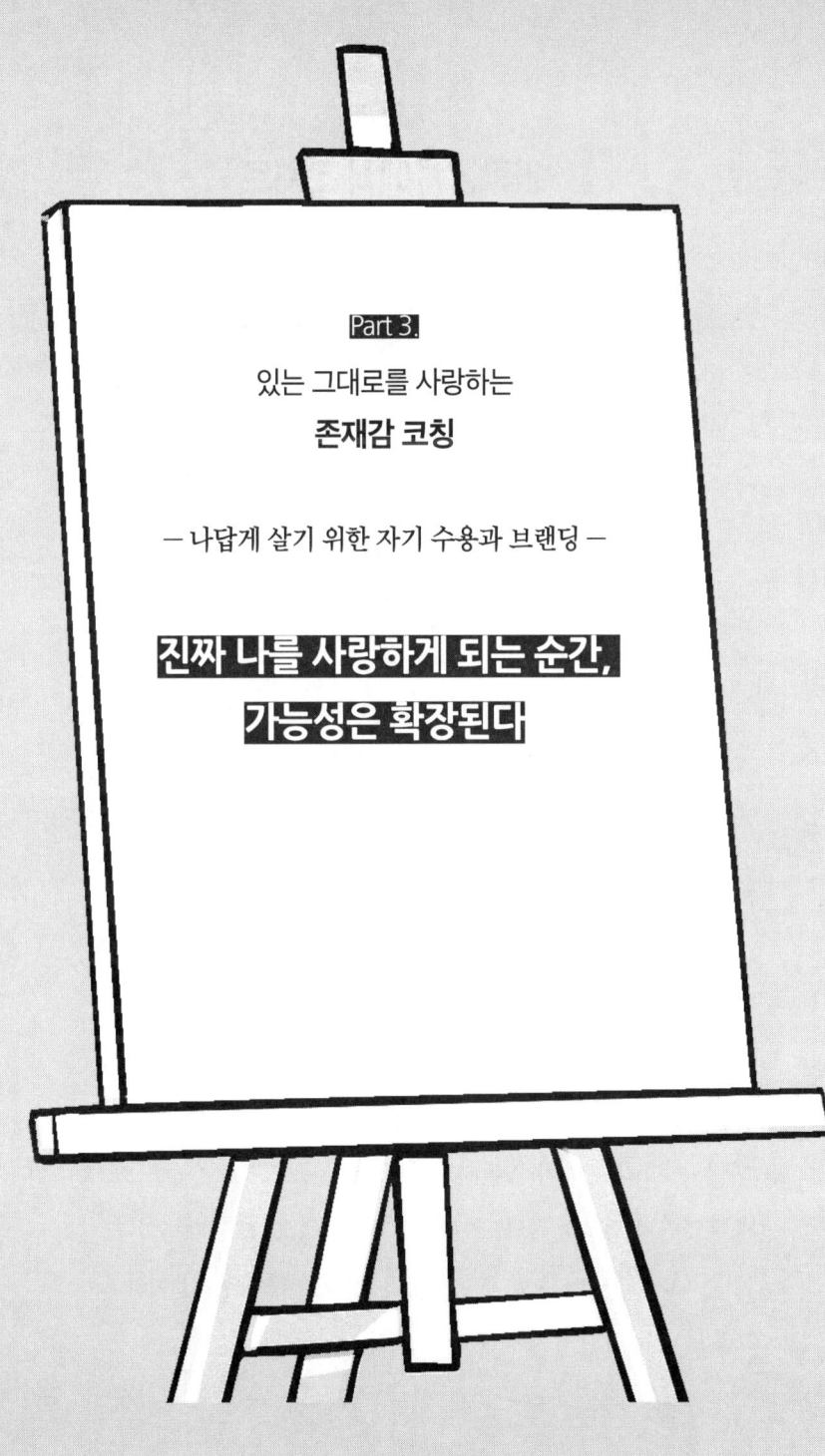

Part 3.
있는 그대로를 사랑하는
존재감 코칭

— 나답게 살기 위한 자기 수용과 브랜딩 —

**진짜 나를 사랑하게 되는 순간,
가능성은 확장된다**

1. 과학강사에서 코치로

"강의는 무대였고, 무대는 나였다."

한 문장 미션
• 내가 가장 편안하게 느끼는 무대는 어디인가? •

코칭을 배우고, 코치가 되다

2015년 3월 5일 그날을 나는 잊을 수 없다. 정확하게 다시 말해서 그날의 느낌을 잊을 수 없다.

그 감정의 진폭과 깨달음이, 아직도 내 안에 선명하게 살아 있다.

그날, 나는 코엑티브 코칭(Co-Active Coaching)이라는 새로운 세계를 처음 만났다. 그리고 마치 스펀지처럼, 나는 온몸으로 흡수하고 또 흡수했다. 이게 무엇인지 정확히 몰라도 괜찮았다. 단지 느껴졌기 때문이다.

"이건 내가 꼭 알아야 할 것", "이건 내가 깨어나야 할 길"이라고.

그래서 나는 그날의 경험을 글로 쓰기 시작했다.

"알아야 한다. 그리고 그것을 깨울 수 있어야 한다."

코칭은 '배움'이 아니라 '깨어남'이다

나는 그날 이후, 진짜 배움은 배워서 아는 것이 아니라, 느껴서 깨어나는 것이라는 걸 알게 되었다. 스펀지는 마른 상태에서는 작고 가볍지만, 물을 만나면 순식간에 커진다. 그날의 나는 마른 스펀지였다. 그리고 코칭이라는 살아 있는 물을 만나, 온몸이 확장되는 경험을 한 것이다.

코액티브 코칭을 통해 나는 내가 어떤 감정을 두려워하는지, 어떤 상황에서 숨고 싶어 하는지를 마주했다. 그리고 그 두려움과 어색함, 미숙함 속에서 나라는 존재를 진짜 '존중'하게 되었다.

나는 이제 코치다 하지만 여전히 배우는 사람이다

코칭을 배운다고 해서 완성되는 게 아니다. 나는 지금도 여전히 스펀지처럼 배우고 또 배운다. 다만 이제는 예전처럼 허겁지겁 배우지 않는다.

천천히, 깊게, 그리고 진심으로 배운다.

누군가의 인생을 함께 걸어주는 코치로서, 가장 먼저 내가 해야 할 일은 나 자신을 계속해서 깨우는 것, 나 자신을 코칭하는 일이다. 그리고 그 시작은, "똥대박"을 외치며 솔직해졌던 바로 그 순간에서 비롯되었다.

혹시 당신도 똥 같은 감정을 꾹꾹 눌러두고 있진 않은가요? 그것을 꺼내놓을 용기만 있다면, 당신의 인생에도 '똥대박'이 터질 수 있습니다.

그리고 그때, 당신도 알게 될 겁니다. 진짜 배움은 머리에서 시작되는 것이 아니라 심장과 몸에서 깨어나는 것임을.

2. 기업강사의 첫 강의

"창의력은 연결이다. 과학과 소통이 만나다."

한 문장 미션
• 내가 가진 서로 다른 재능을 연결해보자 •

CS강사 자격증을 따고, 호텔 워크숍에서 생애 첫 기업 교육 강사의 무대에 서다! 2015년 1월 19일부터 22일까지 라마다프라자 제주호텔 직원들을 대상으로 한 조직활성화 워크숍! 그리고 나의 첫 기업 강의가 시작되었다.

#생애 첫 기업 강의, 진심으로 감사한 기회

정말 큰 무대였다. 이런 기회를 주신 정경옥 원장님께, 그리고 무엇보다 하나님께 진심으로 감사드린다.

나는 당시 대치동 과학강사로 활동 중이었다. 이번에는 라마다프라자 제주호텔 직원들을 위한 창의력 소통 강의를 맡게 되었다. 무엇보다도 특별했던 점은, 이 강의가 과학과 미술의 융합이라는 새로운 시도였다는 것이다.

미술 + 과학 = 창의력 소통의 시너지

워크숍은 두 파트로 구성되었다.
- 전반부: 정경옥 원장님의 미술 창의력 소통
- 후반부: 내가 맡은 과학으로 푸는 창의력 소통과 팀빌딩

두 시간 동안 과학 실험과 게임을 활용한 팀 활동을 통해 직원들이 즐겁게, 창의적으로, 적극적으로 소통하는 모습을 볼 수 있었다. 그 모습에 나 역시 큰 기쁨과 보람을 느꼈다.

라마다프라자 호텔 사람들, 너무 멋졌다!

밝고 긍정적인 에너지, 적극적으로 참여하는 자세, 친절한 태도, 그리고 각자 다양한 재능을 가진 인재들이 모여 있다는 것에 감탄했다.

처음 해보는 시도라 부족한 점도 있었지만, 내가 준비한 강의 안에서 뚝심 있게 밀고 나가면서, 사람들과의 호흡 속에서 소통의 진짜 의미를 느낄 수 있었다.

앞으로 더 도전하고, 더 배우며…

이번 경험은 단지 첫 강의가 아니라, 앞으로 어떤 방향으로 나아가야 할지 나 자신에게 묻고 답할 수 있는 귀한 시간이기도 했다.

이 강의를 통해 "기업들이 진짜 원하는 교육은 무엇인가?", "사람들이 진짜 필요로 하는 건 무엇인가?"를 고민하게 되었다.

이제 나는 내 과학적 지식과 엔터테이너 감각, 그리고 사람을 향한 따뜻한 열정을 바탕으로 더 많은 기업과 학교를 찾아가고 싶다.

미로 만들기, 창의적 실험, 협동 게임 등, 내가 준비한 프로그램이 조직에

진짜 생기를 불어넣을 수 있다면, 그것만으로도 나는 진국이답게, 진심을 다해도울 준비가 되어 있다.

감사한 마음, 그리고 다시 만날 그날을 기대하며, 라마다프라자 제주호텔에서의 경험은 잊을 수 없는 첫 기업 강의로 오래도록 기억될 것이다.

다음에 또 기회가 된다면 더 좋은 강의로 다시 만나 뵙고 싶다.

감사합니다! 진국이가 간다~!

나의 첫 기업 강의가 시작되었다!

정말 큰 무대였다. 그리고 이런 소중한 기회를 주신 정경옥 원장님께, 무엇보다 하나님께 깊은 감사를 드린다.

나는 대치동 과학 강사로서 라마다프라자 제주호텔 직원들을 위한 창의력 소통 강의를 맡게 되었다.

이 강의는 과학과 미술의 융합이라는 새로운 시도였다. 앞부분은 정경옥 원장님의 미술 창의력 소통 강의, 그리고 뒷부분은 내가 맡은 과학으로 푸는 창의력 소통과 팀빌딩(팀원 간의 유대감과 협업 능력을 향상시키기 위한 다양한 활동) 두 시간.

첫 시도라 그런지 아쉬운 점도 많았다. 하지만 처음에 세운 목표들을 뚝심 있게 밀고 나가면서, 참여한 분들이 열정적으로, 창의적으로 소통하는 모습을 보며, 나는 정말 기쁘고 감사했다.

라마다프라자 제주호텔 직원들의 밝고 긍정적인 에너지, 적극적인 자세, 친절하고 선한 인상… 그리고 각자 다양한 재능을 가진 인재들이 모여 있다는 사실에 감탄했다.

이 강의는 나에게 많은 것을 깨닫게 해주었다. 앞으로 어떻게 더 노력할지, 어떤 방향으로 강의를 발전시켜야 할지 또렷이 마음에 새긴 기회였다.

특히 사장님의 인자하고 멋진 모습도 인상 깊었다. 제주도에는 호텔이 많지만, 내 첫 기업 강의가 바로 라마다프라자 제주호텔이었다는 것, 정말 잊을 수 없는 소중한 경험이 되었다.

이 강의는 나의 과학적 지식과 엔터테이너로서의 감각, 그리고 사람을 향한 열정을 담아 만든 프로그램이었다. 미로 만들기, 맞춰 보기, 창의적 실험들로 구성되었고, 앞으로 더 나은 강의를 위한 도전의 시작이기도 했다.

이 강의를 통해 사람들이 무엇을 필요로 하는지, 무엇을 진정으로 원하는지 조금 더 깊이 이해하게 되었다.

내가 강의한 기업들이 긍정적인 방향으로 잘 성장하고, 좋은 성과와 연결되어 기업과 구성원 모두가 더 나은 삶을 살아가길 진심으로 응원한다.

그리고 다음에 또 만나게 된다면, 더 좋은 강의, 최고의 강의로 돕고 싶다.

짧은 시간이었지만, 열정적인 참여 속에서 조직이 살아나는 모습을 보며, 라마다프라자 제주호텔의 밝은 미래를 확신할 수 있었다.

다음에 또 기회가 된다면, 꼭 뵙겠습니다. 정말 감사합니다

#일반고등학교에 가서 진로 체험 교육을 하다

2015년 9월 4일, 나는 경기도 광주에 있는 광주고등학교로 진로·창의·직업 체험 강의를 하러 갔다. 멀리 있는 곳이었지만, 자연과학자가 되고 싶어 하는 멋진 아이들을 만나는 기회이고, 또한 진로와 꿈을 정하는 중요한 시간이 될 거라고 생각했다.

게다가 인문계 고등학교에 가는 건 처음이라 기대도 컸다. 그런데… 당일에 도착해서야 알았다! 남녀 공학도 아니고, 남자고등학교라는 사실을!

와우~ 그렇구나~ 그래! 이과 쪽 관심 있는 아이들이 많겠다! 오히려 자연과학자에 관심 많은 친구들을 만나기 딱 좋은 곳이었다.

첫 시간은 자연과학자의 직업과 전공에 대해 이해하는 시간이었고, 거기에 새롭게 코칭적인 요소도 함께 넣어 집단 진로 코칭을 시도해보았다.

질문을 던졌더니, 아이들이 너무 진지하고 귀한 이야기를 해줘서 정말 감동! 짜릿한 순간이었다.

고등학교 2학년 남학생들이 이렇게 멋지고 진지하게 집중해서 듣다니, 진짜 감탄이 절로 나왔다. 그 모습 속에서 내가 앞으로 만들고 싶은 코칭 프로그램의 가능성을 보았다.

어떤 학교냐, 어떤 아이들이냐에 따라 코칭 질문이 잘 받아들여지는구나 싶었다.

그리고 확실한 건, 경기광주고등학교 학생들은 정말 착하고, 모범적이며, 성실하고 멋졌다는 것! 어쩜 그렇게 인성이 잘 잡혀 있고, 말도 예쁘게 하고, 맑은 영혼을 가진 아이들인지~ 보고 있으면 절로 기분이 좋아졌다.

강의 후에도 아이들이 "재밌었어요", "도움 많이 됐어요" 하며 좋은 피드백을 남겨줘서 너무 고마웠다.

멀리까지 와서 이 아이들을 만난 건, 오히려 내가 더 감사한 일이었다.

우리나라의 밝은 미래를 본 기분!

마지막으로 숙제를 하나 냈다.

각자의 '가지'를 적고 가지치기를 해보자!

진짜로 내가 원하는 게 무엇인지 물어보고, 그걸 찾아 진로와 연결하면 어떤 삶을 살고 싶은지, 어떤 일을 하고 싶은지 조금 더 선명해질 거라고 말해주었다.

정말… 내가 진짜 원하는 건 뭘까?

이번에 아이들이 너무 예뻐서, 사진도 많이 찍었다. 진짜 잘생긴 팀이라는 별명까지 있었는데, 맞다. 잘생겼다! 외모도, 마음도!

비록 무리를 해서 몸살이 나서주말 강의 동안 몸은 좀 힘들었지만… 마음은 가득히 감사하고, 정말 뿌듯했다. 기념으로 찰칵도 찍었다.

갈 때는 택시 타고 갔지만, 올 때는 쇼핑호스트 김소정 선생님의 차를 타고 편하게 집으로 올 수 있었다. 이 또한 하나님의 은혜! 감사합니다.

생각지도 못한 기회였지만, 순종하며 아이들을 만나길 정말 잘했다는 생각이 든다.

학원과 학교에서 모두 동일하게, 무한한 잠재력을 끌어올려주기 위해 Great Captain 진국이가 간다!!!

#상업고등학교에 가서 동기부여 강의를 하다

2015년 2월 9일~10일, 1박 2일!

진천상업고등학교 취업역량캠프를 진행하게 되었다.^^

장소는 바로바로, 대명 비발디파크!

태어나서 처음 온 곳이라 완전 신남! 한쪽 창밖엔 스키장이 보이고, 비록 스키는 못 탔지만, 그 풍경만으로도 충분히 행복했다.

캠프에서는 1분 스피치, 자기소개서 작성, 면접 전략, 모의 면접, 직장 예절 등등 다양한 강의를 진행하며, 아이들과 함께 소통하는 즐겁고 행복한 하루를 보냈다.

중간중간 전략 게임도 하면서, 아이들이 스스로 고민하고 생각하게 되는 좋은 계기가 되었으면 했다.

진천상업고 예비 3학년 아이들! 정말 이쁘고 착하고, 예의 바르고, 완전 최고! 내일도 벌써부터 기대된다.

몸살 감기 기운이 있어서 몸 상태는 좀 힘들었지만, 아이들 덕분에 기쁘고 힐링 되는 이틀이었다.

#조직활성화를 위한 기업강의를 가다_J&B 컨설팅 회사

조직활성화를 위한 정보 분석 및 공유와 관련된, 어렵게 머리를 쓰는 게임을 함께했다.

아침 8시부터 진행하여 약 한 시간 동안 강의를 진행했는데, 시간이 부족할 정도로, 시간이 지날수록 문제를 풀고자 하는 열정적인 교육생들의 모습에서 정말 뿌듯함이 생겼다.

두 번째로 찾은 J&B 컨설팅 회사의 직원들! 이젠 두 번째로 만나니 너무나 반갑고 정겹다. 다음에는 긴 시간 동안 진행되는 워크숍에서도 조직활성화를 위한 강의로 만나길 기대한다.

기쁘고 감사한 날이었다. 어려웠지만 아침에 머리를 쓰면서 뭔가를 한 것 이즐겁고 재미있었다고 한다.

나도 조금씩 노력해서 갈수록 발전하고 싶다. 진국이가 간다!!!

J&B 컨설팅 회사에서 조직활성화 교육을 위한 소통 및 협업 게임을 진행했다. 진국이가 간다! 강의 중 하나인 조직활성화 교육게임!

때론 진지하게, 때론 밝게, 열심히 교육에 참여해 주신 대한민국의 귀한 분들. 더 하고 싶은 말은 많았지만, 다음에 또 만나면 해드릴게요….

여러분들은 무한한 가능성을 가지신 분들입니다.

한계를 뛰어넘는 그 순간을 맞이하시길 바랍니다.

오늘 강의의 주제는 이것이다.

"어떠한 뛰어난 개인도 팀을 이길 수 없다."

팀워크의 힘을 다시 한번 보여주는 계기가 되었을 것이다. 그리고 나 자신을 돌아보는 기회도 되셨을 것이다.

교육 진행을 도와주신 박찬미 교육 담당자님께도 감사드린다. 그리고 좋은 피드백도 주셔서, 또한 벅찬 감동의 물결이다.

이번 교육 후 직원들의 만족도가 높게 나와서 사장님이 이전 교육을 전면 수정하여 진행하라는 대표님의 지시가 떨어졌다는 후문이다. ㅎㅎ

나도 계속 배우고 노력해야겠다.

50명 정도의 다양한 연령대의 교육생들이 아침 일찍 교육을 받기 위해 모이셨다. 그만큼 알차고 좋은 강의를 통해 조직의 활성화를 돕고 싶었다.

많은 연습과 연구, 시뮬레이션을 통해 쌓은 자신감으로 밀고 나갔다.

나를 도우시는 분께 기도했다. 어젯밤에 늦게 자서 아침에 준비가 좀 늦어졌다. 그래서 늦을까 봐 조바심 내며 갔다. 물론 하나님을 신뢰했다.

그러면서 문득 생각했다.

"내가 참 욕심이 많아서 이렇게 많은 일을 하는 건가?" 하지만 교육을 마치고 난 후, 나는 새로운 에너지를 얻었다.

강의에 대한 욕심이 있는 건 사실이다. 하지만 사람들에게 좋은 에너지를 주고, 선한 영향력을 미치는 일이라면 욕심내도 되지 않을까?

3.
'진국' 브랜드 만들기

"브랜드는 내가 나를 사랑하는 방식이다."

한 문장 미션
• 나의 별명이나 브랜드 이름을 하나 지어보자 •

거침없는 자기 변신으로 미래를 준비하라!

모험을 두려워하지 않았던 사람은 아마도 이렇게 말할 수 있을 것이다.

"내가 할 수 있었던 건, 그만큼 절실했기 때문이다."

나 역시 그랬다.

어릴 적부터 품어온 꿈이 있었다. 하지만 현실은 그 꿈을 이루기엔 너무 늦은 듯 보였다. 심지어 주변의 시선은 '무모한 도전'이라고 했다.

그래도 나는 멈출 수 없었다. 내가 진짜 잘하는 것이 무엇인지, 단순히 좋아하는 것이 아니라 재능이 맞는지 실험하고 싶었다.

나는 과학을 사랑하는 강사다.

과학은 실험이고 탐구다. 그래서 나의 인생을 하나의 거대한 '자기 실험'이라 여기고 꿈을 향한 도전의 여정을 시작했다.

늦게 깨달았지만, '시작이 반'이라는 믿음으로 나는 도전을 멈추지 않았고 그 도전들은 나의 삶을 180도 바꿔놓았다.

나는 '늦게 시작해서 성공한 사람들'을 찾아 나섰다. 그리고 놀랍게도, 그런 사람들은 생각보다 많았다. 문제는 나이가 아니라, 간절함과 실천이었다.

물론, 생계를 병행해야 하는 현실 속에서 도전은 쉽지 않다. 누군가 후원해주지 않는 이상, 꿈을 위한 노력은 '생활과의 균형' 위에서 이뤄져야 한다.

그래서 나는 학비를 들여 학교에 가기보다, 그 돈을 실제 현장 체험에 투자하기로 했다. 2년 동안 전력을 다해 부딪쳐 보기로!

어디선가 들은 말이 있다.

"사람은 태어나 한 번쯤은 지랄병이 온다."

그 시기가 이르게 오든, 늦게 오든.

나는 확신한다. 그때가 내게 온 순간이었다.

내가 누구인지, 어떤 재능을 가진 사람인지 모든 가능성을 실험하고 발견하는 시간이었다. 그 시기를 통해 나는 나를 다시 만들어냈고, 그 도전은 지금의 나를 이루는 '경험 자산'이 되었다.

그리고 이제, 나는 또다시 새로운 기회들을 향해 문을 열고 있다. 내 안의 가능성은 여전히 무한하다.

나는 믿는다. 겉보기엔 아무 걱정 없어 보이는 사람도 속을 들여다 보면 누구나 사연이 있다.

나도 그랬다. 내 안의 재능이 활짝 피어났던 시간도 있었지만, 정반대로,

그 모든 문이 닫혀 있던 20년도 있었다.

그러나 지금, 나는 그 '틀'에서 벗어났다. 의식이 깨어나고, 내 안의 잠재력이 하나둘씩 깨어나기 시작했다.

이 책은 내가 가슴이 벅차게 열리고, 도전하고, 감격했던 모든 순간의 기록이다. 그 뜨거웠던 시간의 이야기다.

이 책을 읽는 모든 사람에게 샘솟는 에너지와 자신감을 전하고 싶다.

누구나 자신의 무한한 가능성을 펼쳐 이 세상에서 빛나는 존재로 살 수 있다. 지금 당신이 어디에 있든, 무엇을 하든, '지금 이 순간부터' 다시 시작할 수 있다.

나는 확신한다. 거침없는 자기 변신은, 바로 당신을 상위 0.1%로 이끄는 지름길이다.

'박진국, 나를 찾는 여행—Real 모험기' 그 여정이 바로, 그 가능성의 증거다.

4.
일상이 콘텐츠가 되다

"내 삶이 누군가에겐 동기부여다."

한 문장 미션
• 내가 글로 써보고 싶은 일상의 한 장면은? •

'나를 찾는 여행' 그리고 리얼스프 인생 실험기

"안녕하세요, 진~국입니다!"

이 한 마디에 분위기가 바뀌고, 사람들의 얼굴엔 미소가 번진다.

이름부터가 평범치 않다.

진짜 국물, 리얼스프. 웃기다고들 하는데, 정작 나는 웃긴 외모는 아니다. 오히려 평범하게 생겼다. 그런데 요즘엔 "인상이 참 좋네요"라는 말을 자주 듣는다. 예전에는 여드름 많은 피부 때문에 늘 고민이었고, 서른 넘도록 노안 소리를 들었지만, 이젠 오히려 어려 보인다는 말에 피식 웃는다.

늦게 핀 꽃이 더 오래 간다더니, 나도 그런 케이스인가 보다.

예전 어른들이 늘 그러셨다.

"여드름 피부는 나이 들면 좋아져. 잔주름도 안 생겨~"

그땐 그냥 흘려들었지만, 지금 와서 보면 정말 맞는 말이다. 요즘 내 피부 비결은 다름 아닌 '물'. 하루 2리터 이상은 기본이다.

몸짓은 미국식, 말투는 재밌고 빠르다. 바디랭귀지는 거의 네이티브인데 정작 영어 울렁증이 있다는 건 함정.

이 모든 건, 어릴 적 꿈이 개그우먼이었던 내 과거와 연결된다.

'웃기는 사람'이 되고 싶었지만…

나는 KBS, MBC, SBS 개그맨 공채 시험을 다 봤다.

결과? 모두 낙방. 나중에서야 그 이유를 알았다.

개그맨들은 자기가 한 말에 웃지 않는다. 근데 나는, 내가 한 말에 내가 먼저 터졌다. 자기 개그에 자기가 웃는 개그맨.

그게 내 치명적인 단점이자 매력(?)이었는지도 모른다.

그러다 연기로 방향을 틀었다. 시민연극교실에서 시작해 대학로 무대까지, '죽이는 수녀들 이야기'로 은상까지 받으며, 비전공자 출신으로는 나쁘지 않은 성과였다.

'진국'의 다중 우주 - CF, 단편영화, 드라마, 강사, 그리고…

가수 매니저도 했다. 이유는 단순하다. 방송국 구경이 하고 싶어서.

음반 홍보, 방송 섭외, 무대 세팅, 공연 기획까지 다 해봤다.

어느 날은 드라마 세트장에서 스탭들과 어울리고, 어느 날은 립싱크하다 KBS 방송국에서 쫓겨나기도 했다.

광고 모델로 활동하며 CJ오쇼핑 '일일 쇼호스트'로 생방송에도 출연했고, FNL 납량특집 귀신 역할로 가족도 놀랄 만큼 리얼한 연기를 했다.

부산에 계신 이모가 "어디서 많이 본 귀신인데…" 하며 나를 알아보셨다는 전설(?)도 있다.

독립영화 〈운수 좋은 날〉로 국제영화제 본선에 진출했고, 〈해무〉 촬영장에서 봉준호 감독님과 악수도 나눴다.

비록 캐스팅이 무산되었지만, 그 순간만큼은 내 인생의 명장면이었다.

나의 노래, 리얼스프송!

2019년엔 내가 직접 작사·작곡한 곡으로 뮤직비디오까지 만들었다.

유튜브에서 '리얼스프송' 검색 가능하다.

고향 부산 바닷가에서 춤추고, 노래하고, 후배들과 댄스 챌린지 찍고….

그때 만든 동작은 '국민체조'가 되길 바라는 야무진 꿈이 담겼다.

지금도 휴대폰 컬러링은 리얼스프송이다.

앨범도 3개나 더 냈고, 이제 작사·작곡한 노래가 무려 4곡. 다음엔 어떤 곡이 나올까? 아직은 모르지만, 또 한 번 열정이 끓어오르는 날을 기다린다.

인생을 실험하다 - 도전이 나를 증명하다

나는 과학을 사랑하는 강사다. 실험하고 탐구하는 것이 과학의 기본이라면, 내 삶도 실험처럼 살아보기로 했다.

어릴 적부터 꾸었던 꿈들이 있었다. 하지만 현실은 늘 냉정했다.

"이 나이에 무슨 연기야?"

"먹고 살기도 바쁜데 무슨 음악?"

그 말들이 가슴에 돌처럼 박혔지만, 나는 절실했기에 움직였다.

학비 대신 현장으로 뛰어들었다.

'2년만 미쳐보자'고 결심했다.

내가 하고 싶은 일이 아니라, 내가 정말 잘할 수 있는 일이 무엇인지를 실험하기 위해.

그리고 알게 되었다. 나는 창조적인 사람, 사람들과 연결되는 사람, 그리고 도전을 현실로 바꾸는 사람이라는 것을.

그리고 지금 - 당신의 리얼스프를 끓일 시간

지금 나는 강사로 돌아왔지만, 더는 단순히 지식을 전달하는 사람이 아니다. 나는 사람들의 잠재력을 끓여내는 리얼스프 조리사다.

이 책은, 내가 살아온 도전의 기록이며, 삶이라는 무대에서 나를 찾아가는 여정의 연대기다. 내가 경험하고, 실패하고, 또 일어서며 얻은 결론은 이것이다:

"거침없는 자기 변신이 미래를 연다."

"내 안의 잠재력은 언제든 새롭게 깨어날 수 있다."

끓어야 달걀이 익는 것과 다르지 않다고 본다.

이 책을 읽는 모든 이들도 자기만의 리얼스프 레시피를 찾아 0.1%의 인생으로 나아가길, 진심으로 바란다.

5. 다문화와 함께 사는 기획

"다름은 아름다움이다."

한 문장 미션
• 내가 받아들이기 어려웠던 차이를 떠올려보자 •

다문화 아이들과의 인연, 그리고 영화 〈핸즈〉의 시작

2016년, 나는 영화 〈몽당분교올림픽〉에 출연하며 처음으로 다문화 어린이라는 주제에 깊이 다가가게 되었다.

단순한 연기 경험이 아니었다. 카메라 앞의 역할을 넘어서, 그 아이들의 현실과 마음속 풍경에 관심이 생기기 시작했다.

그때부터였다.

"우리는 이 아이들을 어떻게 바라보고, 어떻게 함께 살아가야 할까?"

이 질문이 내 마음 한쪽에 자리 잡기 시작한 것은.

그리고 2019년, 작은 계기로 또 한 번의 만남이 이어졌다.

양평에 있는 다문화 가정 아이들 그룹을 위한 원데이 과학캠프에 봉사자로 참여했다. 나는 그 아이들과 함께 뛰고, 웃고, 실험을 나누며 가르쳤다.

그 순간 깨달았다.

"다르지 않다. 전혀."

아이들은 똑같이 호기심이 가득했고, 눈빛은 해맑았다.

'다문화'라는 단어가 의미하는 것보다 훨씬 더 많은 이야기가 존재한다는 것을 체감한 시간이었다.

그 이후, 지금까지 나는 한 명의 다문화 어린이를 꾸준히 가르치고 있다.

그 아이와의 배움과 성장의 시간이, 내게도 많은 성찰을 안겨주었다.

영화감독으로서 다시 만난 '다문화'라는 주제

2023년, 연기를 넘어 영화 제작을 배우던 시기, 뜻밖의 제안을 받았다.

한 사회적 기업 대표님이 나에게 다가와 말씀하셨다.

"다문화 어린이를 소재로 영화를 만들어보는 건 어때요?"

내가 오랫동안 품어온 고민, 그리고 연결되어온 인연들. 그 모든 흐름이 '지금이 그때'라고 속삭였다. 나는 곧장 기획에 들어갔고, 2024년, 영화 〈핸즈〉가 세상에 태어났다.

〈핸즈〉 - 함께 살아가는 손길에 대하여

영화 〈핸즈〉는 '다문화 어린이의 성장과 치유'를 다룬 작품이다.

좋은 뜻을 가진 분들과 함께 크라우드 펀딩을 통해 제작비를 모았고, 직접 기획부터 연출, 촬영, 편집, 시사회까지 모든 과정에 참여했다.

처음 도전하는 독립영화 제작이었지만, 그 안에는 정말 많은 배움과 감동,

사람들의 손길이 함께했다. 이 영화가 나에게 준 가장 큰 선물은, 다문화 아이들을 바라보는 시선이 더욱 깊어졌다는 것이다.

　우리는 이제 저출산과 인구 감소 시대를 살고 있다.

　그 안에서 다문화 가정의 아이들은 우리 사회의 중요한 구성원이자, 함께 미래를 만들어갈 존재들이다.

　그들에게 필요한 건 '동정'이 아니라 '동행'이다.

　교육적 지원은 물론, 사회로의 건강한 진출을 위한 실질적인 도움과 관심이 필요하다.

다음은 영화 제작 당시, 내가 블로그에 남긴 기록

[핸즈] 영화제작스토리 240716

지난 토요일에 오디션을 다 마무리하고, 최종 캐스팅을 확정했다.
그리고 촬영스텝 구성도 마무리하고, 차근차근 영화 촬영 준비를 진행하고 있다.
정말 감사하게도 이렇게 진행되어가고 있는 부분들이 너무 감사하다.
진짜! 영화를 하면서 더 하나님의 임재를 느끼는 것 같다.
내가 할 수 없는데 주님이 도와주시는 것이 느껴진다.
영화 제작 진행 내용들을 함 정리해보겠다.

　-7/17(수) 오전10시 로케이션 미팅

　- 촬영감독님, 조명감독님 함께

　- 모일 장소: 러빙핸즈 사무실

러빙핸즈 : 서울 마포구 동교로 143 3층 302호
https://naver.me/5HqTuIzI

8월10일 토요일 오후2시-6시(배우들 대본 리딩+저녁식사) 진행 예정입니다.

-현재까지 확정된 일정 안내드립니다.

- 8월 29일(목): 1회차 촬영 확정 (로케이션: 도서관, 지훈집, 골목)

-8월31일(토): 2회차 촬영 조율 중 (로케이션: 상일고등학교 운동장, 분당 위치)

-7월15일(월) 오전11시~1시: 스텝 인사 미팅

-7월17일(수) 오전10시 : 로케이션 미팅, 미정 (월요일 미팅 후 변동가능)

- 현재 현우역 배역 오디션 완료!

-7월13일 아역배우 오디션 완료 후 최종 배역 확정 예정

- 확정 된 키스텝-

  1〉 연출 및 각본 : 박진국

  2〉 조연출, 미술 소품: 이건우

  3〉 촬영: 송임선 (서브 김현수, 최원경)

  4〉 조명: 정준혁

  5〉 분장 및 의상 : 고은지

  6〉 편집: 박진국

  7〉 PD: 손형규

  8〉 동시녹음: 이신애

문라이트라는 영화를 촬영감독님이 추천해주셨다.

이 영화의 몇몇 장면들이 우리 영화의 시나리오 나오는 장면과 비슷한 그림이 있어서 촬영 콘티를 짤 때 참고할 예정이다.

함께 차근차근 영화를 만들어가면서 합력하여서 선을 이루어주시는 하나님의 섭리를 더욱 배우게 된다.

감사하다.

좋은 분들, 좋은 배우님들 모두 함께 원팀이 되어서 좋은 작품이 탄생되길 기대해본다.

독립영화 감독이다보니 다양한 일들을 하나하나 챙기면서 신경을 써야 하지만 이런 과정들이 하나의 작품을 만들어내는 것이므로 산고의 고통을 느끼듯이 차근차근 해 보자!
하나의 작품이 탄생되기까지 정말 많은 과정이 필요하다!!!

[영화 핸즈] 촬영을 잘 마쳤습니다~~~!!!!
정말 시나리오 준비부터 해서 영화 프리프로덕션까지 그리고 영화 촬영!!
6개월 동안 준비하고 두 달 프리 프로덕션하고, 8월 말에 촬영을 마쳤습니다.
이후 편집 및 후반작업을 2~3개월 안에 마치고 영화제에 출품하면서 12월에 크리스마스 시즌을 기점으로 시사회를 하려고 합니다.
영화 핸즈! 많은 관심과 응원해 주심에 감사드리며, 최선을 다해서 남은 과정들 또한 잘 할 수 있도록 노력하겠습니다.
함께 영화 촬영을 도와주시고 함께 해주신 모든 분들께 감사드립니다. 영화를 사랑하고 영화를 좋아하고 영화를 재밌어하는 분들이 함께했습니다.
세상에 좋은 메시지를 전하는 영화를 함께 만들어 갈 수 있는 열정의 사람들이 있기에 영화는 또 계속 이어가고 발전하고 또 새로운 이야기들이 나올 것이라 믿습니다.
정말 감사합니다. 그리고 참 행복했고, 기적과 같은 시간입니다.
그 뜨거운 태양아래에서 어떻게 영화를 찍었는지 모를 정도로 다 마치고 집으로 와서 잠을 자는데 실감이 안 났어요. ㅎㅎㅎ
자! 이제 다시 건강을 회복하고! 몸관리를 잘 하면서 영화 작업 계속 이어갈게요!!! 감사합니다.
#영화핸즈 #박진국감독 #러빙핸즈 #생수의강제작사

[청소년 단편영화 프로젝트]
마음이 모여 만드는 청소년 영화 핸즈 촬영 현장

초록리본도서관이 많은 인파와 장비들로 북적입니다.
청소년 단편영화 프로젝트 #핸즈의 촬영이 시작됐기 때문인데요,

[펀딩] 소외 받는 아이들을 위한 옴니버스 단편영화 프로젝트 - 핸즈 : 러빙핸즈 공식 홈페이지 | 한 아동을 끝까지, 청소년 멘토링 전문 NGO

　청소년에 대한 사회적인 관심이 점점 식어가고, 청소년에 대한 돌봄과 관심은 각 가정의 것으로 제쳐둘수록 한부모가정, 조손가정, 다문화가정 아이들은 어려움에 빠지기 쉬워진 상황 속에서, 우리 주변의 청소년에 대한 관심을 높이길 바라는 마음과, 독려의 메시지를 담은 단편영화 제작 프로젝트가 핸즈입니다.

　청소년을 향한 따뜻한 마음들이 모여 400 여 만원을 모아 시작한 촬영인만큼 이날 박진국 감독님과 20여 명의 스탭분들은 30도가 넘는 더위 속에서도 에어컨을 끄고, 같은 장면을 재차 반복해서 촬영해주었습니다.
　이날 촬영에 함께한 주연 배우분들부터 스텝 여러분 한 분 한 분이 한 장면을 위해 최선을 다하시는 모습이 정말 인상깊었습니다.

　펀딩에 함께해주신 모든 분들과 박진국 감독님과 배우-스텝 여러분들의 모든 마음과 노력들이 결실을 맺어 우리 가까이에 있는 한 명의 청소년을 향한 관심과 실천을 이끌어내는영화 ' 핸즈 '가 되길 바라봅니다.

[출처[청소년 단편영화 프로젝트] 마음이 모여 만드는 청소년 영화 핸즈 촬영 현장|작성자 러빙핸즈

영화<핸즈>시사회 후기

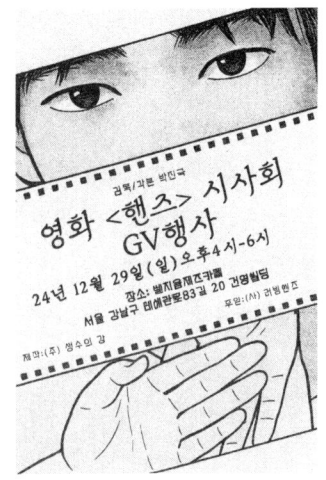

지난 2024년, 다문화가정의 청소년들을 향한 차별의 시선이 사라지길 바라며 러빙핸즈의 펀딩과 〈생수의 강〉의 제작을 통해 만들어진 단편영화 〈핸즈〉.

그 영화 핸즈의 상영회가 12월 29일 일요일, 삼성동에 위치한 벨지움 재즈카페에서 열렸습니다.

삼성역에서 도보로 5분이 조금 지나자 나타난 벨지움 재즈카페의 1층 현관!

현관으로 들어가 계단을 타고 내려오면 펀딩에 함께해주신 분들께 준비한 러빙핸즈의 굿즈들을 볼 수 있었습니다.

아이들을 향한 따뜻한 마음 보내주신 후원자분들께서 이번 영화제작에 함께해주셨던 순간을 기억하실 수 있도록 러빙핸즈가 직접 만든 동화책, 노트, 펜, 러빙핸즈 멘티가 직접 디자인한 후드티까지 작지만 의미있는 선물을 준비해봤습니다.

이번 영화 핸즈 제작에 함께해주신 모든 후원자 분들께 감사의 말씀 드립니다.

핸즈 상영회는 먼저 러빙핸즈 박현홍 대표의 인사와 박진국 감독님 및 주연배우들과의 대화로 시작됐습니다.

어떻게 이런 영화를 제작하게 됐는지, 영화 속 아이들의 이야기는 어떻게 얻었는지 등 박진국 감독님의 제작 동기와 러빙핸즈와의 협업 등을 들을 수 있었고, 특히 이번 영화엔 많은 아역배우들이 등장했기에 촬영 현장은 어땠는지, 앞으로 배우로서 어떤 계획을 갖고 있는지 등 아역배우들의 톡톡 튀는 답변을 들을 수 있었습니다.

이어서 영화 핸즈 상영이 이어졌습니다.

다문화가정의 아동인 주인공이 겪는 일상 속 차별과 이를 보듬는 우리 이웃들의 모습이 따뜻하게 담긴 이번 영화 속엔, 어린 시절 겪는 차별의 시선이 한 아이가 스스로를 바라보는 관점에 얼마나 많은 영향을 미칠 수 있는지 느낄 수 있었고, 치밀한 프로그램이나 거대한 정책이 한 아이를 돕는 게 아니라, 일상 속 우리 한 사람 한 사람의 작은 관심이 한 아이의 아픔을 보듬을 수 있다는 러빙핸즈의 경험과 관점을 느낄 수 있었습니다.

특히 박진국 감독님과 배우들의 따뜻한 연기가 영화 곳곳에서 느껴졌습니다.

이번 단편영화 핸즈 제작 프로젝트를 통해 (주)생수의강과 함께해 주신 많은 후원자여러분들과 함께, 차별 없는 우리 사회를 꿈꾸는 작은 울림을 전할 수 있었습니다.

앞으로도 러빙핸즈는 한 아이의 마음을 차별로부터 지키기 위해 우리 사회를 향한 변화의 목소리를 계속 전하겠습니다.

[출처] 다문화청소년들을 향한 따뜻한 마음, 러빙핸즈 X 생수의강 단편영화 핸즈 상영회 후기|작성자 러빙핸즈

6.
영화제작자로 아카데미까지 가는 꿈

"크든 작든, 꿈은 늘 나를 키운다."

한 문장 미션
• 내가 죽기 전에 이루고 싶은 꿈 하나를 적어보자 •

2023년 1월 11일, 영화감독의 첫 페이지가 열리다

2023년 1월 11일, 그날을 나는 잊지 못한다. 설레는 마음을 안고 신촌으로 향했다. 영화 연출을 배우기 위한 첫 수업. 하지만 집에서의 거리는 멀었고, 대중교통으로 오가는 길은 육체적으로 결코 쉽지 않았다. 초반엔 너무 피곤해서 몸살이 나기도 했다. 그래서 수업 시간에 꾸벅꾸벅 졸았던 기억도 있다. 하지만 나는 그만큼 절실했다.

한국에서 영화 연출을 배우기로 결심하기까지

사실 2022년, 코로나 팬데믹이 조금씩 잦아들 무렵, 나는 영화 유학을 진지하게 고민하고 있었다. 미국에 살고 있는 이모와 사촌오빠들에게 직접 연락해서 상담도 했다. 간절히 기도하면서 여러 갈래의 가능성을 두드렸다.

하지만 결국 내 마음이 머문 곳은 한국이었다.

"지금 세계에서 가장 주목받는 콘텐츠는 한국이다."

이 결론은 나에게 선택의 방향을 명확하게 보여줬다.

그때, 예전에 내가 출연했던 한 독립영화의 감독님께 상담을 드렸고, 그분은 한겨레 영화아카데미를 추천해 주셨다.

나는 망설임 없이 일정 조정을 하고 단숨에 등록했다.

영화연출 57기, 뜻밖의 행운 같은 시간

놀랍게도 나의 바쁜 강의 일정과 생업이 기적처럼 잘 조정되었다. 그래서 나는 큰 부담 없이 영화 연출을 배울 수 있었다.

무언가를 배운다는 건 늘 감사한 일이지만, 모든 걸 내려놓고 도전하는 것이기에 나로서는 정말 최선을 다한 선택이었다.

그리고 그 선택은 나에게 놀라운 행운을 안겨 주었다.

57기 동기들은 모두 따뜻하고 좋은 사람들이었고, 담임 감독님이신 최화진 감독님은 내 질문 하나하나를 성심껏 받아주시며, 내가 안고 있던 고민들을 시원하게 풀어주셨다. 그래서 나는 다짐했다.

"그래, 영화감독은 나의 고급 취미로 해보자."

하다 보면 정말 적성에 맞을지도 모르고, 내가 연출한 영화에 카메오로 등장하면 배우 활동도 함께할 수 있으니까 말이다.

첫 작품, 쪽방촌에서의 이틀

그렇게 시작된 영화 연출 수업의 결실로 2023년 졸업작품을 직접 기획하고 촬영하게 되었다. 서울의 한 쪽방촌에서 이틀간 촬영을 했고, 거기에는 셀 수 없이 많은 에피소드와 배움이 있었다. 실제 영화 학교를 다니는 것과 다름없는 실전 실습의 연속이었다.

그리고 놀랍게도, 내 첫 단편영화는 스마트폰 영화제에서 입상이라는 선물 같은 결과를 안겨주었다.

하나님의 싸인, 그리고 새로운 사명의 시작

나는 이 모든 여정을 시작할 때 하나님께 이렇게 기도했다.

"하나님, 영화 연출을 배운 뒤 영화제에서 작은 상이라도 받게 해주시면 그건 영화 제작을 계속해도 된다는 싸인으로 알겠습니다."

그리고 정말 그렇게 되었다. 그 후 나는 다문화 아이들을 소재로 한 영화 제작 제안도 받게 되었고, 그것이 바로 나의 첫 장편영화 〈핸즈〉로 이어지게 된 것이다.

앞으로의 꿈

언젠가 제작비 걱정 없이, 내가 만들고 싶은 이야기를 마음껏 영상으로 담아낼 수 있는 날이 오기를 바란다. 그리고 꼭 한 편, 내 인생을 담은 영화 한 작품으로 아카데미 시상식 무대에 서는 꿈도 꿔본다.

그게 현실이 될지 아닐지는 모르지만 , 한 가지는 확실하다. 나는 이미 나만의 영화를 살아가고 있다는 것.

다음에는, 내가 블로그에 기록했던 영화 연출 일기를 공유해보려 한다.

23-02-27(월) 영화 연출 일기

지난 일요일에 배우모집 공고를 올렸는데 벌써 200명이 넘게 오디션에 지원했다! 정말 감사하다!
나의 첫 작품에 지원해주신 모든 분들께 정말 감사한다!
나도 오늘 오디션을 보고 왔는데 연기를 잘 못했다ㅠㅠ
자유연기 준비를 잘 못했다ㅠㅠ 대사가 잘 안들렸다.
교정을 했는데 빼고 할 것을 ㅠㅠㅠ
다행히 내가 제일 자신있어 하는 미친 연기를 주문하셨다!
감독님이신지는 모르겠지만 10초 동안 미친 웃음을 웃어라고 했다!
일단 신나게 웃었다!!!!
이런 경험은 또 처음이다!!!
나도 오디션을 보면서 준비가 덜 되었다는 것을 알았고 악역을 해 본 적이 있는지를 물어봤을 때 해 본 적은 있지만 그때의 대사가 기억이 안나서 그냥 지어냈다!!
이런 순발력을 보시는 것일까?!
뭔가 바로 탁탁 나오는 것을 좋아하시나??
아무튼 긴장은 하지 않았다!
오디션 현장에서 카메라 앞에서 보이는 이미지를 보는 것도 신기했다!
글로벌한 영화인지 중국어를 할 수 있는지 물어봤다.
나는 못한다고 했다.
하지만 대사를 외워서 하겠다고 했다!
나도 이번에 영화 연출을 하면서 배우 오디션을 보면 느껴질 것이다.
오디션을 임하는 자세!!!

배운다!!! 그리고 감독의 마인드를 배운다!!!

배우로 더 성장하고 자라나기 위해서 지금 다양하게 훈련중이시다!

일단 순종이다!

이번 영화 〈냉정과 열정사이〉 정말 재밌고 의미있는 영화로 찍고 싶다!!!

그리고 오늘 본 오디션이 또 나에게 큰 배움이 될 것임을 기대해본다

아! 1,000명이 지원하실 듯 한데 이중에서 우찌 고르지!

일단 이미지를 떠올리면서 전체적으로 봐보자!!! 화이팅!!!

[영화 열정과 냉정사이] 영화제작일기 준비하면서 230411

[영화] 준비하면서 영화작업은 다양한 단계들이 있음을 알았다.

영화를 만들기 위해서 다양한 조율과 협업이 필요하고, 또 여러가지 과정들 속에서 배움이 엄청나다.

쉽지 않은 작업이지만 너무 재밌고 설렌다.

지난 주일에는 4월 9일에는 부활절이었다.

안휘태 배우님과 임형원 촬영감독님이 같이 쪽방촌 봉사를 하고 주변 촬영 로케이션을 봤다. 어떻게 구도를 잡고 촬영을 할지 보면서 앞으로 짤 콘티 또한 구상을 해 보았다.

나의 일정들이 너무 바쁘다보니 시간이 많은 것 같으면서도 부족해서 집중적으로 콘티를 만드는 것을 못했다.

일단 지금 시나리오를 바탕으로 콘티를 오늘 짜고 내일 촬영감독님과 만나서 대화를 나눌 것이다.

기도가 많이 필요하다.

지혜를 구하면서 최선을 다 해보자!!! 할 수 있당!!!

영화 콘티~!!!!!!

4월 12일에는 촬영감독님과 같이 회의를 한다.

그리고 4월 14일에는 배우님들과 같이 대본리딩을 한다.

또 4월 12일 밤에는 제작팀 회의를 한다. 차근차근 해보자.

[영화냉정과 열정 사이] 제작일기 230418

[영화 냉정과 열정 사이] 제작을 진행이 이제 일주일도 남지 않았다.

차근차근 영화를 만들어가는 과정이 신기하고 복잡하면서도 즐거운 작업이다. 영화를 보는 사람들은 관객들은 영화 속에 들어가 영화에 빠져서 내부에 이런 사정들이 있다는 것을 모를 것이다. 그래서 또 관객들이 영화에 집중하게 만들도록 여러 가지로 만들어가는 과정이 너무 좋다.

지난 주에 배우님들 대본 리딩 후에 여러 가지 피드백과 배우님들의 캐릭터를 살려서 시나리오를 수정했다.

리딩을 해 보니깐 또 좀 더 넣고 빼고 해야할 것들이 보였다.

12일 촬영감독 미팅을 잘 마치고 촬영 구도와 느낌들을 공유했고

12일 조명감독님과 소통하면서 조명에 대한 내용들을 공유했다.

14일에는 배우님들과 함께 작품에 대한 소통을 하고 또 친해지는 시간을 가졌다. 조금더 배우님들의 캐릭터와 느낌들을 더 잘 알 수 있었다.

내가 주연배우로 출연을 동시에 한다는 것을 그때서야 알게 되서 조금(?) 당황하게 해 드렸지만 오히려 그게 더 극에 몰입하시기 좋으실 것이라 생각이 들었다. 요것은 내 생각일 수도….

16일에는 촬영 일주일 전 쪽방촌 로케이션을 다시 둘러보고 프로듀서

와 함께했다.

촬영 협조를 받으면서 인사도 하고 너무나 고마운 분들이 함께 해주셔서 감사했다.

촬영을 할 때 방이 필요했는데 원래 진행하기로 한 방을 못 쓰게 되어서 다른 방을 섭외했고 정말 감사하게 그 방을 빌려주신다고 했다.

화요일 오늘 18일에 확답을 주시기로 했지만 가능할 것으로 보인다.

제발요!

〈어르신들 심방하면서 그동안 친해지고 또 이름도 이젠 확실히 외우다보니깐 더 좋았다. 장점이라고 하면 내 얼굴이 한 번 보면 각인이 되시는지 어르신들이 잘 기억해주시고 또 아는 척해 주시니 감사했다. 이런 것 보면 어디가서 나쁜 짓 하면 더 안된다는 생각을 했다. ㅋㅋ 좋은 일 하면서 착하게 살아야지.〉

(여호와는 나의 목자시니 내가 부족함이 없으리로다. 나와 함께 하시는 주님으로 인해 나를 선한 길로 이끄실 것을 믿는다.)

어제 15일은 제작팀 회의를 해서 최대한 촬영할 때 배우님들과 스텝들이 좋은 환경에서 촬영에 집중할 수 있는 것들을 논의했고 필요한 것들을 정리했다.

제일 중요한 것이 밥과 간식이고 또 휴식을 할때의 공간이다.

촬영지와 가까운 곳의 호텔방을 하나 빌렸다. 거기서 쉬시고 또 메이컵을 받고 옷을 갈아입을 수 있도록 했다.

배우님들이 중간에 쉴 수 있는 공간으로 활용하고 중요한 짐이나 충전을 할 수 있는 공간으로 활용하며 다행히 그 호텔의 지하에 카페가 있어서 이용이 가능하였다.

내가 방문했을 때는 카페에 사람이 없었는데 22일과 23일에는 상황이 어떨지 모르지만 모두에게 잘 되었으면 좋겠다.

자! 오늘 18일엔 콘티를 완성하고, '일활표'를 정리해서 스텝들 모두를 톡방에 초대해서 공지를 할 예정이다.

내가 감독이면서 제작자이면서 주연배우이면서 작가이면서 다양한 역할을 하고 있는데, 영화를 제작하면서 이번 작품을 통해서 정말 많은 배움을 얻을 것이다. 이렇게 모든 과정들이 차근차근 열려지고 이루어지게 해주심에 감사한다.

오늘은 오후에 고속터미널에 가서 의상을 좀 골라보려고 한다.

의상과 신발! 차근차근 준비하자!!! 우선 콘티부터!!

우아… 그림은 어쩌죠?

졸라맨으로….

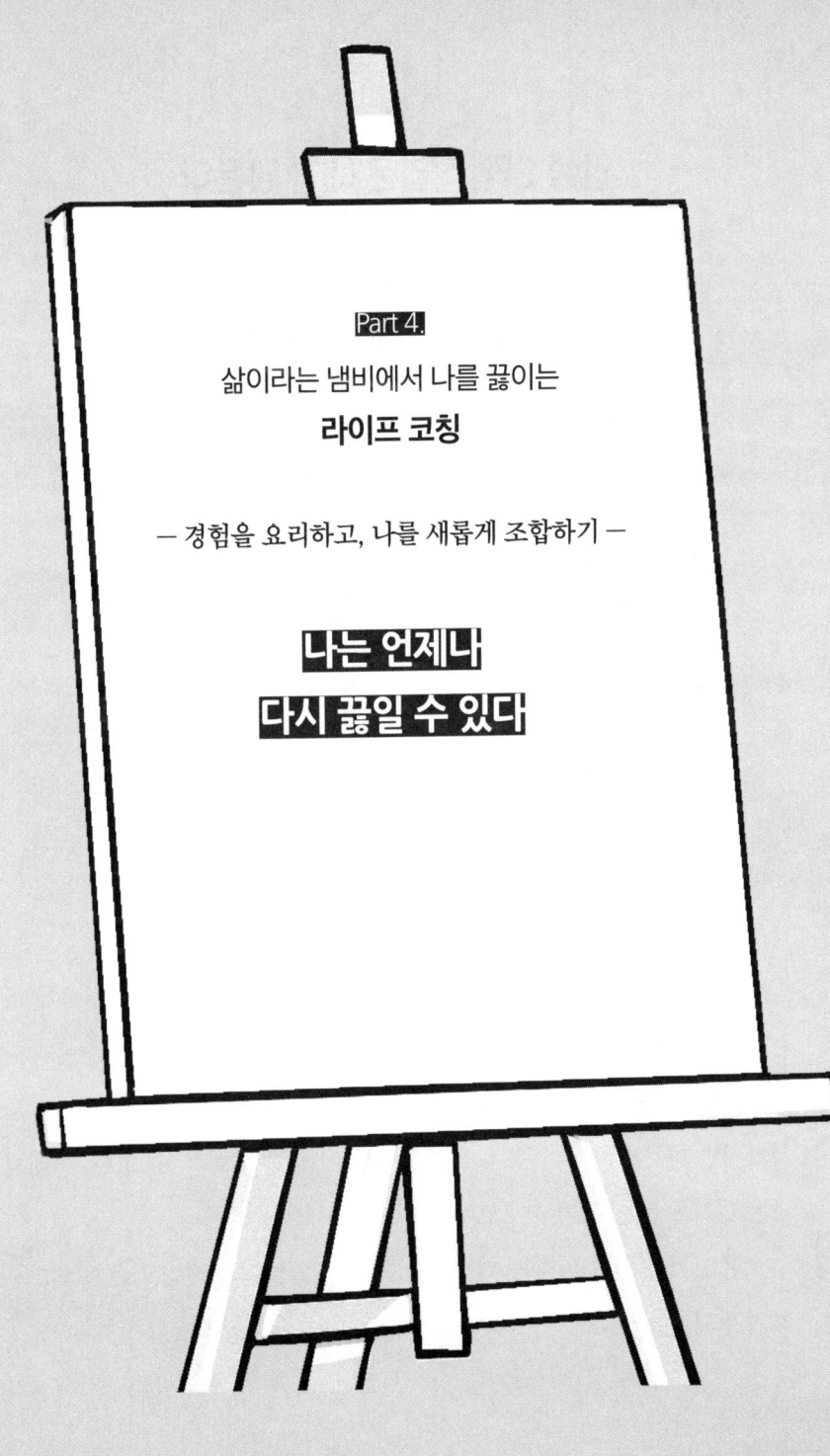

1. 인생 2막, 직업은 내가 만든다

"직업은 내 인생의 창작물이다"

한 문장 미션
• 지금 내가 만들어보고 싶은 직업을 상상해보자 •

나는 코칭을 배우며, 그것을 내 삶의 모든 일에 적용하고자 노력했다. 그렇게 스스로를 코칭하며 끊임없이 질문을 던졌다.

나의 삶의 목표는 '많은 사람들의 무한한 잠재력을 끌어올려 실현하게 하는 시너지 촉매'가 되는 것이었다. 그 목표를 실천에 옮기기 위해, 나는 '잠재력 개발 코치'라는 이름을 만들었다.

하지만 아무리 좋은 목표가 있어도 실천이 없으면 이룰 수 없다. 그래서 나는 실천을 돕는 '동기부여 코치'가 되기를 원했다.

그런 코치가 되기 위해선, 나 자신이 먼저 끊임없이 도전하고 실천하며 본보기가 되어야 했다.

그런 의미에서 나를 단단히 다듬어주고, 이 모든 여정을 완성해주는 결정적인 경험이 있었다. 바로 영화감독이 되어 직접 제작까지 해 본 일이었다. 기획부터 시나리오 작업, 제작, 홍보까지 모든 과정을 경험했다.

특히 촬영 과정에서는 가장 많은 사람들과 협업해야 했고, 그 속에서 나는 통합력, 소통력, 리더십을 깊이 배우게 되었다.

제작자의 입장에서 비용 처리를 꼼꼼히 해야 했고, 지출은 책임감 있게 감당해야 했다. 빚을 지지 않기 위해 사비를 들이기도 했다. 이 모든 과정 속에서 나는 깨달았다. 진짜 창작은 희생과 실행에서 비롯된다는 것, 그리고 그것이야말로 내 인생을 창조하는 진정한 태도라는 것을. 결국 가장 많은 희생과 노력이 필요한 자리를 선택하는 용기, 그 용기가 나를 창작자로 만든다는 것을 배웠다.

워크북 실천 활동;

인생 2막, 직업은 내가 만든다 "직업은 내 인생의 창작물이다."

STEP 1. 나의 현재, 직업을 다시 정의하기

[질문 1] 지금 내가 하고 있는 '일'은 무엇인가요?
- 직함이 아니라, 나의 역할과 영향력 중심으로 적어보세요.
 (예: "나는 아이들의 창의성을 자극하는 놀이 설계자다.")

[질문 2] 현재의 직업에 어떤 의미를 부여하고 있나요?
- 내가 왜 이 일을 하고 있는지, 어떤 가치와 연결되어 있는지 적어봅니다.

STEP 2. 내가 만들고 싶은 '직업'을 상상하기

[질문 3] 아무 제약 없이 내가 해보고 싶은 직업이 있다면?
- 이름부터 만들어 보세요.

예: "감정 여행 플래너", "스토리 코치", "창작 습관 디자이너"

[질문 4] 그 직업에서 나는 누구를 돕고 싶은가요?
- 대상: 어린이, 노인, 창작자, 직장인, 예술가, 1인 기업가 등

[질문 5] 내가 하고 싶은 일의 핵심 활동은?
- 예: 글쓰기, 말하기, 촬영, 기획, 상담, 예술, 교육, 실험 등

[실습: 나의 직업 카드 만들기]
직업명: 나의 핵심 활동 3가지: 이 직업으로 돕고 싶은 사람: 이 직업을 통해 이루고 싶은 세상 변화:

STEP 3. 나의 코칭 정체성 점검

[질문 6] 내가 실천하고 싶은 가치 3가지는 무엇인가요?
- 예: 용기, 창의성, 진정성, 성실함, 도전, 겸손

[질문 7] 내가 만든 직업은 나의 삶의 목표와 연결되는가요?

[질문 8] 내가 이 직업을 통해 본보기가 되려면 지금 당장 실천할 한 가지는?

STEP 4. 창직 실천 플랜

[실습: 실행 플래너 만들기]

- 1주 안에 해볼 수 있는 작은 실험
  (예: 내가 만든 직업 아이디어로 1분 자기소개 영상 찍기)

- 1개월 안에 할 수 있는 실천
  (예: 직업 이름으로 SNS 계정 개설, 첫 콘텐츠 발행)

- 6개월 안에 해볼 수 있는 실전 도전
  (예: 강의 기획, 체험 워크숍 운영, 단편 영상 제작 등)

2.
실패로부터의 선물

"실패는 정체성을 재조립하는 기회다."

한 문장 미션
• 내가 배운 가장 값진 실패는 무엇인가? •

2022년, 나는 첫 소설책 〈수퍼우먼 대통령〉을 출간했다.

나도 한 번쯤은 '베스트 도전'에 작품을 연재하며, 작가로서의 첫 발을 내딛어보고 싶었다. 캐릭터 일러스트는 미국에 사는 사촌오빠의 딸이 그려줬고, 나의 삶에서 겪은 경험들을 허구와 절묘하게 섞어 넣었다.

평소 관심 많았던 초능력과 우주에 대한 상상력도 더했고, 바이러스에 의한 치유, 우리나라의 독특한 사회적 상황, 내가 좋아하는 음식과 유머도 자연스럽게 녹여냈다.

'이 소설이 영화로 만들어지면 어떨까?'라는 상상을 하며, OTT에서 내 책을 원작으로 제작해주는 날을 꿈꾸며 시작한 프로젝트였다.

처음부터 큰 꿈을 품고 썼지만, 현실은 달랐다. 300부를 찍었고, 그 중 고작 100부 정도가 팔렸다. 나머지는 주변에 나눠주었고, 남은 책은 지금도 내 책장에 고이 꽂혀 있다. 물론 모든 〈인터넷서점〉에서도 만나볼 수 있지만, 아직 역주행의 기적은 일어나지 않았다. 그래도 나는 이 실패를 값진 선물이라 생각한다. 이 경험을 통해 다음 책은 '내가 잘하는 것'으로 써야 한다는 것을 배웠고, 소설이라는 장르는 아무나 쉽게 도전할 수 있는 분야가 아니라는 것도 절실히 깨달았다. 그래도 그 도전이 있었기에, 나는 더 단단해졌고, 다음 이야기를 향해 다시 나아갈 용기를 얻었다.

워크북 실천 활동 ☞ "실패는 정체성을 재조립하는 기회다."

STEP 1. 나의 실패 스토리 써보기

[질문 1] 내가 지금까지 경험한 실패 중 가장 기억에 남는 것은?
- 그때 어떤 감정이 들었는가?
- 그 실패의 원인은 무엇이라고 생각했는가?

[질문 2] 그 실패 속에서 내가 새롭게 알게 된 나의 강점은?

[질문 3] 그 실패가 아니었더라면 지금의 나는 무엇을 놓쳤을까?

STEP 2. 실패에서 배운 교훈을 명확히 하기

[질문 4] ○○○ 실패 경험에서, 어떤 깨달음을 얻었는가?
(예: 수퍼우먼 대통령' 책 출간 경험에서, 어떤 깨달음을 얻었는가?
나는 "내가 잘하는 것으로 책을 써야 한다"는 것을 배웠다.)

[질문 5] 나의 실패를 '교훈 노트'로 요약해 보자.

   예: • 실패 사례:

      • 실패 당시의 감정:

      • 그 실패로 얻은 교훈:

      • 그 교훈을 적용해본 최근 경험은?:

STEP 3. 창의적 재도전 설계하기

[실습] '실패의 리사이클링' 카드 만들기; 예) "나의 실패는 나의 브랜드가 된다!"

  1. 아래 문장을 완성해 보세요.

  2. "나는 (실패 경험)을 통해 (배운 점)을 알게 되었고, 이제 (새로운 도전)을 하고 싶다."

  3. 이 실패 경험을 콘텐츠로 만들어본다면 어떤 형태일까?

    • 블로그 글

    • 짧은 영상

    • 유튜브 브이로그

    • 특강 주제

    • 단편 소설/시

    • 기타 _____

STEP 4. 실패 이후 나의 가능성을 열어주는 질문

• 내가 실패 속에서 얻은 가장 '인간적인' 성장 한 가지는?

• 실패하지 않았다면 알지 못했을 '진짜 나'의 모습은 무엇인가?

• 지금 나에게 필요한 것은, 또 한 번의 도전인가? 아니면 성찰인가?

3
리얼스프 프로젝트 시작

"나는 판을 벌일 줄 아는 사람이다."

한 문장 미션
• 내가 벌이고 싶은 다음 '판'을 적어보자 •

주변 사람들은 늘 나에게 이렇게 묻는다.
"그 에너지는 도대체 어디서 나와요?"
그럴 때마다 나는 본능적으로 이렇게 대답한다.
"잘 먹고, 잘 자요."
하지만 문득 궁금해져서, 나를 어릴 때부터 가장 가까이서 지켜봐 준 큰언니에게 물어봤다. 언니는 단호하게 말했다.
"너는 에너지가 나이가 들수록 점점 커지고 있어."
보통 사람들은 나이가 들수록 에너지가 줄고, 도전보다는 안정을 추구하게 된다. 그런데 나는 그 반대였다. 나는 여전히 모험을 즐기고 있었고, 그 모험의 크기와 판이 점점 더 커지고 있었다. 두렵지만, 주어진 기회는 좀처럼 놓치지 않는 성향. 누가 뭐라 하든, 영감을 얻고 '해야겠다'고 마음먹은 것은 끝까지 해내고야 마는 근성이 있었다.

그런 성향 덕분에, 도전하고 완수하며 짧고 굵은 프로젝트들을 계속 이어왔고, 어느새 '아이디어를 프로젝트화하고 실행하는 것'이 나의 취미가 되었다. 지금도 산책을 하면서 늘 생각한다.

'이번엔 어떤 프로젝트를 시작해볼까?'

그렇게 떠오른 아이디어 중 하나가 2019년, 나는 2029년에 이루게 될 거라 믿으며 선포한 프로젝트였다. 그 프로젝트를 완성해야 다음 단계로 나아갈 수 있다고 믿고 있다. 어쩌면 지금 이 책이 더 많은 독자들에게 전해지고, 더 많은 사람들이 성장하게 되는 과정 속에서 함께 이루어질지도 모르겠다.

자, 여기까지 읽으셨다면 아마 궁금하실 것이다.

'리얼스프가 이제 새롭게 펼치려는 프로젝트는 무엇일까?'

그 프로젝트는 바로 부동산이다.

놀랍게도, 부동산의 '부'자도 몰랐던 내가, 20대 중반에 부산이라는 따뜻한 고향을 떠나 추운 수도권의 객지에서 원룸 하나로 독립하며 시작한 것이 출발점이었다.

투자가 아니라, 오직 삶의 필요에 의한 선택이었다. 그렇게 옮기고, 이사하고, 살고, 팔고 하다 보니 어느새 부동산 투자 경험이 쌓였다.

최근에는 그동안 내가 살아오며 했던 부동산 경험들을 AI에게 분석해 달라고 부탁해보았다. '부' 자도 몰랐던 내가 한 투자치고는 아주 좋은 결과들이었다.

나도 놀랐다.

이제 나는 이전과는 비교할 수 없을 만큼 더 큰 부동산 프로젝트를 준비하고 있다.

이번엔 단순한 도전이 아니라, 그동안 쌓아온 노하우를 바탕으로 씨드머니를 준비하고, 본격적으로 의미 있는 자산 프로젝트를 시작하려 한다.

이 새로운 프로젝트는, 나에게 또 하나의 강력한 동기부여가 되어줄 것이다. 그리고, 나를 더 열심히 살고, 끝없이 도전하게 만드는 에너지의 원천이 되어줄 것이다.

워크북 실천 활동 ☞

리얼스프 프로젝트 시작 "나는 판을 벌일 줄 아는 사람이다."

STEP 1. 나의 에너지 패턴 점검하기

[질문 1] 내가 최근 1년간 가장 몰입했던 활동은 무엇인가요?

[질문 2] 그 활동이 나에게 어떤 에너지(감정, 성취감, 성장 등)를 주었나요?

[질문 3] 사람들이 나에게 "그 힘은 어디서 나와요?"라고 물어볼 만큼 열정적으로 임한 경험이 있다면?

STEP 2. 나만의 '판'을 기획해보자

[질문 4] 지금 떠오르는 나만의 다음 '판(프로젝트)'은 무엇인가요?
- 이름, 주제, 목표를 간단히 적어보세요.

[질문 5] 이 프로젝트로 어떤 가치를 만들고 싶은가요?
- 사람들에게 주고 싶은 변화나 영향은?

[질문 6] 누구와 함께 이 판을 벌이고 싶은가요?
- 협업하고 싶은 사람 또는 커뮤니티

STEP 3. 실현 전략 짜기

[질문 7] 이 판을 만들기 위해 필요한 자원은 무엇인가요?
- 자금, 지식, 장비, 멘토, 시간, 협업자 등

[질문 8] 이 프로젝트에서 내가 맡을 역할은 무엇인가요?
- 예: 총괄기획자, 아이디어 디렉터, 크리에이터 등

[질문 9] 이 판을 위한 3개월 로드맵을 그려보세요.
- 1개월:
- 2개월:
- 3개월:

STEP 4. 나의 드림판 기획서 써보기 (확장 실습)

[실습] 지금 내가 상상하고 있는 OOO 프로젝트를 스케치해보자.
- 프로젝트 명:
- 프로젝트 배경 (나의 경험과 연결):
- 프로젝트 목표:
- 프로젝트의 사회적/개인적 의미:
- 나의 실행 전략:

4.
삶이 플랫폼이 되다

"사람이 곧 플랫폼이다."

한 문장 미션
• 내 경험 중 다른 사람에게 나눌 수 있는 것은? •

　지금은 인공지능 시대로 향해 가는 과도기이다. 그리고 이미 많은 사람들이 그 변화를 실감하고 있다.

　불과 10년 전만 해도 상상 속 이야기로만 여겨졌던 기술들이 이제는 현실이 되어가고 있다. 공상과학 영화 속에서 신기하게 바라보던 기술들이 하나둘씩 실현되고 있는 것이다. 앞으로 그 속도가 얼마나 빨라질지는 우리가 그 기술들과 어떻게 공존하느냐에 따라 달라질 것이다.

　하지만 아무리 기술이 발전한다 해도, '사람'이라는 존재의 본질적 중요성은 예나 지금이나, 그리고 앞으로도 변하지 않을 것이다. 기술은 사람을 위한 것이고, 사람이 있어야 그 기술은 비로소 의미를 갖는다.

앞으로는 사람과 사람이 연결되며, 각자가 살아온 삶의 경험을 공유하는 시대가 될 것이다. 이미 우리는 경험을 나누고 공유하며 그것을 상품화하는 흐름 속에 살고 있다. 이 흐름이 더 발전하면, 경험 기반의 연결 플랫폼이 등장하게 될 것이고, 더 많은 사람들이 유익한 경험을 나누며 서로 시너지를 주고받을 수 있게 된다. 그렇게 하면 그 시너지는 폭발적인 성장으로 이어질 것이다.

사람이 살아가기 위한 가장 기본적인 요소인 의식주는 앞으로도 변하지 않을 것이다. 그러나 그 의식주와 연결된 경험과 가치는 계속해서 진화할 것이다. 중요한 것은, 그 모든 기술과 발전의 중심에 사람이 사람답게 존재할 수 있도록 해주는 본질적인 가치, 바로 사랑이 있어야 한다는 것이다.

사랑은 변하지 않는다. 사랑은 사람과 사람을 이어주는 가장 강력한 힘이다. 나는 그 사랑의 힘을 믿는다. 그래서 나는, 기술을 통해 사람을 연결하되, 그 중심에 '사랑'이라는 고리를 끼운 플랫폼을 만들고자 한다.

그것이 바로 앞으로 내가 만들고, 우리가 함께 만들 '사람 플랫폼'이 될 것이다.

워크북 실천 활동 ☞ 삶이 플랫폼이 되다 "사람이 곧 플랫폼이다."

STEP 1. 나의 경험 자산 점검하기

[질문 1] 지금까지 살아오며 가장 자랑스럽게 여기는 경험은 무엇인가요?

[질문 2] 그 경험이 나에게 어떤 교훈을 주었나요?

[질문 3] 그 경험을 누군가에게 나눌 수 있다면, 누구에게 도움이 될까요?

STEP 2. 나만의 '삶 플랫폼' 만들기

[질문 4] 내 삶에서 반복적으로 사람들이 물어보거나 조언을 구했던 주제는 무엇인가요?

[질문 5] 내가 이 경험을 어떻게 나누고 싶나요?

- 강의
- 글쓰기(에세이, 칼럼)
- 영상 콘텐츠
- 커뮤니티 모임
- 워크숍/클래스
- 기타: _____

[질문 6] 그 나눔을 통해 어떤 변화를 기대하나요?

STEP 3. '사람 연결 플랫폼' 상상해보기

[질문 7] 내가 만든 플랫폼이 연결하고 싶은 사람들은 누구인가요?

(ex. 싱글맘, 은퇴자, 청년창업가, 외국인 등)

[질문 8] 내 플랫폼에서 가장 중요하게 여기는 가치는 무엇인가요?

(예: 진정성, 신뢰, 나눔, 성장, 즐거움, 사랑 등)

[질문 9] 내가 만들고 싶은 플랫폼의 이름은? 그리고 한 줄 소개 문장은?

STEP 4. 사람 + 기술 + 사랑 = ?

[실습] 다음 문장을 완성해보세요.

나의 삶은 이제 기술을 넘어서 사람을 연결하는 플랫폼이 된다. 이 플랫폼은 나의 ___ 경험을 바탕으로, 사람들에게 ___ 를 전하고, 사랑을 ___ 방식으로 퍼뜨릴 것이다.

5.
Only One Story 만들기

"복잡한 삶은 한 줄의 힘으로 연결된다."

한 문장 미션
• 내 인생을 한 줄 문장으로 써보자 •

나만의 온리원 스토리를 만들기 위해서는 전제조건이 있다. 바로, 남과 나를 비교하는 습관에서 벗어나는 것. 비교에서 자유로워질 때 비로소 나만의 스토리를 쓸 수 있다.

그리고 또 하나. 남의 유익과 장점을 진심으로 응원하고, 손뼉칠 수 있는 대인배의 마음이 필요하다. 물론, '남의 떡이 더 커 보인다'는 마음은 누구에게나 있다. 질투도 때로는 새로운 도전을 유발하는 자극제가 될 수 있다. 그런 자연스러운 감정을 억누를 필요는 없다.

하지만, 더 큰 그릇이 되기 위해서, 더 나은 나의 성장, 그리고 진짜 나만의 스토리를 만들기 위해서는 뼈를 깎는 고통이 따라온다.

나의 삶을 '요리'하고 '끓인다'는 것은 다듬고, 자르고, 걷어내고, 때로는 버려야 하는 일을 의미한다. 그 과정은 때로 아프고, 때로는 아깝기까지 하다. 하지만 썩은 재료를 버리지 않으면, 그 주변까지 모두 오염된다는 것을 우리는 안다.

그래서 필요한 것이 있다. 바로 나 자신을 있는 그대로 바라볼 수 있는 눈. 객관적인 시선, 그리고 정직한 거울이 필요하다. 이때 진짜 도움이 되는 것은, 내 삶을 함께하며 거울 역할을 해주는 사람들이다. 그들과의 비교가 아니라, 그들을 통해 나를 성찰하게 되는 것이다.

온리원 스토리를 만드는 데 필요한 재료는 오직 '잘한 일'만이 아니다.

나의 장점, 나의 단점, 나의 콤플렉스, 나의 습관, 실수, 상처, 회복… 모든 것이 재료가 된다.

우리가 감탄하는 멋진 요리도 다양한 재료가 어우러져야 진짜 맛이 난다. 각 재료가 날 것일 땐 거칠고 다루기 어렵지만, 시간과 정성을 들여 요리 과정을 거치면 그 모든 것이 어우러져 완성된 풍미를 낸다.

그렇게 삶의 재료 하나 하나를 끓이고, 다듬고, 어우러지게 하다 보면 어느새 우리는 인생의 맛을 낼 줄 아는 '쉐프'가 되어 있을 것이다.

어떤 재료가 오더라도, 당황하지 않고, 나만의 색깔로 멋진 인생 요리를 완성해 낼 수 있는 쉐프 말이다.

워크북 실천 활동 ☞

Only One Story 만들기 "복잡한 삶은 한 줄의 힘으로 연결된다."

STEP 1. 비교에서 자유로워지는 셀프 코칭

[질문 1] 최근에 나 자신을 타인과 비교하며 위축되었던 순간이 있다면 적어보세요. 그 감정의 뿌리는 무엇이었나요?

[질문 2] 그 감정을 내려놓고, 나만의 고유한 삶의 요소(성격, 경험, 실패, 취향 등)를 떠올려보세요. 내가 가진 '유일무이함'은 무엇인가요?

[질문 3] 누군가의 성공을 진심으로 박수쳤던 경험이 있다면?
그때 내 마음은 어땠나요? 내가 성장한 부분은 무엇이었나요?

STEP 2. 나의 삶, 재료부터 점검하기

요소	예시 (작성자 자유기입)
나의 장점	예: 따뜻한 공감력, 유머감각
나의 단점	예: 감정기복, 계획의 미흡함
나의 콤플렉스	예: 외모, 학력, 가정환경
내 삶의 실패담	예: 창업 실패, 낙방 경험
기억에 남는 도전	예: 연극 무대 도전, 영화 제작
반복되는 습관	예: 몰입과 열정, 끝까지 가는 추진력

이 재료들을 '날 것으로' 두는 대신, 어떻게 끓여내야 더 맛있어질지 생각해보세요.

STEP 3. 나만의 Only One Story 레시피 만들기

[질문 4] 나의 인생에서 꼭 담고 싶은 세 가지 장면은?

[질문 5] 그 장면들을 통해 말하고 싶은 핵심 메시지(한 줄)는?
나의 Only One 스토리 문장: "나는 _____ 사람이다."
　예: "나는 실패를 삶의 양념 삼아, 누구보다 맛있는 인생을 끓여내는 사람이다."

STEP 4. 거울 훈련 - 나를 바라보는 객관적인 연습

[질문 6] 내 삶의 거울 역할을 해주는 사람은 누구인가요? 그 사람이 나에게 해준 솔직한 피드백 중 인상 깊었던 것은?

[질문 7] 그 피드백을 통해 내 삶을 어떻게 다듬고 변화시켰나요?

[실천미션] 이번 주에 나에게 거울이 되어 줄 사람에게 솔직한 피드백을 부탁해보세요.
　질문 예시: "내가 더 성장하려면 어떤 점을 바꾸면 좋을까?"

6.
자기 변신 전략

"나는 매년 다시 태어난다."

한 문장 미션
• 올해 내가 실천하고 싶은 새로운 도전은?

나는 2007년, 처음으로 연극 무대에 섰다. 연기를 정식으로 배워본 적은 없었다. 그저 용기 하나로 시민연극교실에 들어가, 6개월 동안 배우고 연습한 후 무대에 오른 것이 전부였다.

배역도 없이 시작한 첫 리딩 날, 나는 무심코 사투리 억양으로 대사를 읽었다. 평소 사투리를 쓰는 편도 아니었는데, 신기하게도 반응이 아주 좋았다. 아마 그 배역에 어울리는 억양이었던 모양이다.

사실 그 당시 나는 대본의 '대' 자도 제대로 몰랐고, 극의 해석이라는 개념조차 낯설었다. 그러나 때로는 아무것도 모를 때가 더 용감하다.

눈치 보지 않고, 머리가 아닌 느낌 그대로 연기할 수 있었던 그때, 나는 그 무대 위에서 새로운 내가 태어나는것을 느꼈다.

이렇게 시작된 도전은 그 후로 하나둘씩 이어졌다. 다양한 배역을 맡으면서 나는 계속해서 변신했고, 무대 위에서 알을 깨듯 나를 깨는 순간들을 맞이했다. 그건 마치 알에서 깨어 나오는 병아리처럼, 이전의 나를 깨고 새로운 세상으로 나아가는 과정이었다.

우리는 각자 '알' 속에서 살아간다. 그 알은 때론 내가 만든 것이고, 때론 사회가, 가족이, 혹은 역할과 의무, 선택들이 만들어낸 껍질이다. 그 안에서 잠시 머물 수는 있지만, 오래 있기엔 너무 좁다. 성장을 원한다면, 다시 그 알을 깨야 한다.

병아리가 알을 깨고 나올 때, '주둥이'로 껍질을 꼭꼭 찔러 나오듯 우리도 자기 변신을 위해 행동으로 껍질을 깨야한다. 그리고 껍질을 깨고 나온 후에는 또 새로운 환경에 적응하고, 다시 성장한다.

배우도 마찬가지다. 새로운 배역을 맡을 때마다 기존의 나를 벗고, 새로운 인물의 옷을 입는다. 그리고 또 다른 역할을 맡게 되면, 그 옷을 과감히 벗어야 한다.

이 작업은 결코 쉽지 않다. 그러나 진심으로 그 역할에 몰입해야만, 관객은 그 연기를 진짜처럼 믿게 된다.

우리는 모두 배우는 아니지만, 자기 삶의 무대 위에 선 '삶의 연기자'로서 끊임없이 새로운 알을 깨는 용기가 필요하다.

지금 시대는 변혁을 밥 먹듯이 해야 살아남을 수 있는 시대인지도 모른다. 하지만 두려워할 필요는 없다. 이미 세상이, 삶이, 그리고 당신 안의 생명이 그 변화를 향해 자연스럽게 이끌고있으니까.

워크북 실천 활동 ☞

자기 변신 전략 "나는 매년 다시 태어난다."

STEP 1. 지금 나를 감싸고 있는 '알'은 무엇인가?

지금 나는 어떤 상황이나 역할, 감정, 환경에 갇혀 있나요?

나를 둘러싸고 있는 '알'을 구체적으로 표현해 보세요.

나를 둘러싼 '알'	알의 정체 (감정/역할/환경)	나에게 어떤 제약을 주고 있나요?
예: 안정된 직장	경제적 안정감	새로운 분야에 도전하지 못하게 함
예: 완벽주의	실수에 대한 두려움	시작조차 미루게 함

STEP 2. 알을 깨고 나온 나의 '도전 연대기' 정리하기

지난 인생에서 나는 몇 번이나 스스로의 껍질을 깼나요?

내가 스스로 '다시 태어났다'고 느꼈던 순간들을 적어보세요.

연도	변신의 경험	나에게 끼친 영향
2007	예: 시민연극교실 참여	무대에 서는 자신감 발견
2015	예: 코칭 공부 시작	나를 코치로 정체화하게 됨
………	………………………	………………………………

STEP 3. 올해 실천할 '변신 도전' 설계하기

[질문 1] 지금 나는 어떤 새로운 모습으로 '다시 태어나고' 싶은가요?

목표를 향해 내가 지금 당장 실천할 수 있는 첫걸음은?

예) "영상 편집을 배워서 나만의 유튜브 채널을 시작한다."

예) "매주 한 편씩 나의 인생 이야기를 에세이로 정리해본다."

STEP 4. 변신을 도와줄 도구는 무엇인가?

자기 변신을 하기 위해 필요한 도구/사람/자원을 적어보세요.

변신에 필요한 것	내게 어떤 도움을 줄 수 있나?
예: 온라인 클래스	기술 습득
예: 피드백 멘토	나의 변화에 객관적인 조언 제공

STEP 5. 알을 깨고 나오는 나를 응원하는 문장 만들기

지금 이 순간, 당신이 자기에게 해주고 싶은 자기변신 응원 문장을 한 줄로 적어보세요.

예시) "나는 이미 충분히 용감하다, 내 안의 새로운 나를 만나러 간다!"

에필로그 삶은 계속되고, 나는 계속 창조한다

끓이고, 넘치고,
다시 시작하고…
나는 나의 인생 셰프다

나의 이름으로, 다시 쓰는 인생

가끔은 이런 생각을 합니다.

"내가 이 모든 걸 정말 다 해낸 걸까?"

무대에 서고, 강의를 하고, 영화를 찍고, 글을 쓰고, 사람들과 웃고 울며, 그리고 또다시 도전하며 살아온 이 시간들이 마치 한 편의 다큐 같기도 하고, 코미디 같기도 합니다.

돌이켜보면, 나는 늘 나의 한계를 시험하며 살아왔습니다. 겉으로는 유쾌하고 당차 보였지만, 그 이면에는 누구보다 치열하게 고민하고 흔들리며, 때로는 나조차 나를 의심하던 시절들이 있었지요. 하지만 그 모든 순간들을 지나 지금 여기까지 오게 해준 건, 한 가지 확신이었습니다.

"나는 나로 살고 싶다."

누군가의 기준에 맞추기보다, 내가 진짜 좋아하는 것, 하고 싶은 것, 그리고 잘할 수 있는 것을 하며 살고 싶었습니다. 그래서 무모해 보이는 도전도 했고, 때로는 웃기고 때로는 울컥하는 이야기도 만들어냈습니다. 그 하나 하나가 지금의 나를 이루는 삶의 재료가 되었고, 결국 이 책 《리얼스프》로 끓여내게 되었습니다.

이 책은 단지 나의 과거를 정리한 회고록이 아닙니다.

내가 어떻게 꿈을 포기하지 않고 살아왔는지, 어떻게 상상을 현실로 바꾸며 살아가고 있는지, 그리고 지금 이 순간도 또 하나의 도전을 품고 한 발 한 발 내딛고 있는 나의 '진짜 자기 자신이 되고 싶은 이야기'입니다.

많은 사람이 말합니다.

"지금이라도 늦지 않았을까요?"

나는 말하고 싶습니다.

"절대 늦지 않았어요. 오히려 지금이 딱 좋아요."

당신이 무엇을 좋아하는지, 어떤 일을 할 때 기쁨을 느끼는지, 그걸 찾기 위해 사는 인생은 분명 의미 있습니다.

그 여정 속에서 넘어질 수도 있고, 길을 잃을 수도 있지만, 괜찮습니다.

우리는 다시 일어설 수 있는 존재이고, 언제든 처음처럼 새롭게 시작할 수 있는 사람들이니까요.

이 책을 덮는 지금, 혹시 당신 마음에도 작은 불씨 하나가 켜졌다면, 그 불씨를 꼭 꺼뜨리지 말고 지켜주세요.

당신만의 리얼스프는 당신만이 끓일 수 있습니다. 그 맛은 분명, 세상 그 누구보다 당신 자신이 먼저 알아차릴 테니까요.

고맙습니다. 이 길을 함께 걸어온 나에게. 그리고 지금 이 글을 읽고 있는 당신에게. 언젠가 우리, 무대 위에서든, 거리에서든, 마음속 어디에서든 꼭 다시 만나게 되길 바랍니다.

진짜 나로 소이다!
진국이 드림

Bonus

리얼스프 잠재력 부스터 워크북

"지금의 나는, 과거의 내가 끓여낸 수프다.
이제 미래를 위해 새로운 재료를 준비하자."

"당신만의 불로, 진짜 나를 끓이자!"
나의 삶에서 잠재력을 발견하고 실천으로 전환하는 4단계 워크북

부록 내용 요약 :

- 15가지 자기코칭 질문지
- 창의 글쓰기 과제 3종
- 셀프브랜딩 체크리스트
- 7일 잠재력 도전 루틴표

≫≫≫

Step 1. 진짜 나를 만나는 15가지 코칭 질문

자신을 깊이 들여다보는 시간입니다.
(지금, 아래 질문들에 솔직하게 답해보세요.)

1. 내가 어릴 때 가장 몰입했던 놀이는 무엇이었나요?

2. 최근 3개월간 가장 행복했던 순간은 언제였나요?

3. 나의 콤플렉스는 무엇이며, 그것이 나에게 어떤 영향을 주었나요?

4. 다른 사람들은 나를 어떻게 평가하나요? 나는 그것에 동의하나요?

5. 내가 진심으로 좋아하는 일은 무엇인가요?

6. 실패했을 때 나는 어떤 태도를 보이나요?

7. '진짜 나'는 어떤 모습일까요?

8. 내가 감추고 있는 재능은 무엇인가요?

9. 어린 시절 나를 가장 잘 이해해줬던 사람은 누구였나요?

10. 지금 내가 가장 배우고 싶은 것은 무엇인가요?

11. 내가 세상에 전하고 싶은 메시지는 무엇인가요?

12. 만약 오늘 하루만 살 수 있다면 무엇을 하겠나요?

13. 나는 어떤 방식으로 사랑을 받고 싶은가요?

14. 지금 나의 삶에서 불필요한 것을 하나 버린다면?

15. 나에게 '끓는 순간'이었던 사건은 언제였나요?

Step 2. 인생 경험을 글로 풀어내는 창의 글쓰기 과제

삶의 스토리를 '리얼 스프'처럼 진하게 끓여내는 글쓰기입니다.
(아래 주제 중 1~3개를 선택하여 써보세요.)

- 나의 첫 무대 / 첫 실패 / 첫 깨달음에 대하여
- 인생을 바꾼 한 사람, 그와의 대화
- 눈물 났던 순간, 웃음으로 치유되다
- 내 인생 최고의 결정
- 내가 만든 콘텐츠 또는 프로젝트 이야기
- 지금껏 가장 용기 냈던 선택은?

과제 팁: 솔직하고 구체적으로! 꾸밈보다 진심이 감동을 줍니다.

Step 3. 나의 창의성과 실행력을 점검하는 셀프 테스트

아래 항목을 읽고, 현재의 자신을 1~5점으로 체크해 보세요.
(1: 전혀 아니다 ~ 5: 매우 그렇다)

항목	점수 (1~5)
나는 새로운 아이디어가 자주 떠오른다	☐
아이디어를 메모하거나 기록하는 습관이 있다	☐
내가 좋아하는 것을 위해 시간과 돈을 투자한다	☐
새로운 것을 배우는 데 거부감이 없다	☐
낯선 사람과도 소통할 수 있다	☐
내가 가진 재능을 나누거나 나만의 방식으로 표현한다	☐
아이디어를 바로 실행에 옮긴 경험이 있다	☐
'잘해야 한다'보다 '재밌게 하자'에 더 집중한다	☐
실패했을 때, 그것을 배움의 기회로 삼는다	☐
꾸준히 무언가를 만들어내거나 공유하고 있다	☐

☐ 총점: 50점

　40점 이상 : 창의+실행력 고수

　30~39점 : 발전 가능성 UP!

　20~29점 : 나만의 리듬을 찾아야 할 때

　20점 이하 : 지금이 변화의 타이밍!

Step 4. 7일간의 '나를 끓이는 도전' 실천 미션

하루에 하나씩, 나를 새롭게 하는 일주일 훈련!

DAY	미션
1일차	내 삶의 키워드 5가지를 적고, 그 이유를 써보세요
2일차	'내가 끓고 있는 이유'라는 제목으로 300자 글쓰기
3일차	휴대폰 없이 2시간 산책하며 떠오른 아이디어를 적어보세요
4일차	하고 싶었지만 미뤘던 일을 단 10분만 시도해보세요
5일차	가족 또는 친구에게 인터뷰하고 새롭게 알게 된 사실 1가지 기록
6일차	좋아하는 콘텐츠(영화/책/음악)를 한 편 보고 나에게 준 영향 정리
7일차	'지금 나는 어디쯤일까?'라는 질문에 대한 에세이 작성